# IM LAND DER KANGAROOS

MIRIAM TRAUT

### ÜBER DIE AUTORIN

Geboren im Jahr 1984, hat die Autorin Miriam Traut im Alter von 19 Jahren selbst eine Reise in das Unbekannte gewagt.
Sie hat 365 Tage in einer Gastfamilie als Au-pair-Mädchen in New York verbracht. Dieser Aufenthalt hat ihr weiteres Leben stark geprägt. Im Anschluss ging Miriam nach Australien und absolvierte eine schulische Berufsausbildung an einem College in Brisbane. Heute ist sie Flugbegleiterin, lebt in Bad Camberg und hat schon einen großen Teil der Welt gesehen.

# IM LAND DER KANGAROOS

MIRIAM TRAUT

hansa**nord**

# Impressum

1. Auflage 2018
© 2018, hansanord Verlag

*Alle Rechte für diese Ausgabe vorbehalten*
Das Werk einschließlich aller seiner Teile ist urheberrechtlich geschützt. Jede Verwendung außerhalb der Grenzen des Urheberrechtsgesetzes ist ohne Zustimmung des Verlages nicht zulässig und strafbar. Das gilt vor allem für Vervielfältigung, Übersetzungen, Mikrofilmungen und die Einspeicherung und Verarbeitung in elektronischen Systemen.

ISBN: 978-3-947145-03-4
Layout und Buchsatz: Anna Radlbeck
Lektorat: Birgit Rehaag
Bilder: aus dem Privatbesitz von Miriam Traut

*Aus persönlichkeitsrechtlichen Gründen sind Namen, Orte und Personen teilweise verändert und fiktionalisiert.*

Für Fragen und Anregungen: info@hansanord-verlag.de

**hansanord**

hansanord Verlag
Johann-Biersack-Str. 9 | D 82340 Feldafing
Tel. +49 (0) 8157 9266 280 | FAX +49 (0) 8157 9266 282
info@hansanord-verlag.de | www.hansanord-verlag.de

# Inhalt

**Erster Teil:** 9
*Wie alles begann ...*

**Zweiter Teil:** 16
Oktober – *Reise in Ungewisse*

**Dritter Teil:** 27
November – *Der alltägliche Wahnsinn*

**Vierter Teil:** 56
Dezember – *Weihnachten unter Palmen*

**Fünfter Teil:** 89
Januar – *Neues Jahr, Neues Glück, Neue Abenteuer*

**Sechster Teil:** 106
Februar – *Mein Leben in Brisbane*

**Siebter Teil:** 117
März – *Reisen, Traumstrände und Co.*

**Achter Teil:** 136
April – *Countdown: Die letzten 30 Tage*

**Neunter Teil:** 151
Juni/Juli – *Mein Leben danach*

**Zehnter Teil:** 159
*Besuch in Deutschland*

**Elfter Teil:** 164
*Das große Wiedersehen in Australien*

**Impressionen** 180
*Bilder aus meiner Zeit in Australien*

# ERSTER TEIL:
# WIE ALLES BEGANN ...

Mein Name ist Miriam, ich bin zwanzig Jahre alt und die letzten dreihundertfünfundsechzig habe ich in einer New Yorker Upper-Class-Familie gelebt und mich um deren vierjährigen Sohn namens Cornelius gekümmert. Meine Gastmutter war zwar eine Zicke, das Kind anfangs ein verwöhnter Fratz und ich selbst hatte vor meiner Abreise gerade mal eine Vier in Englisch, dennoch wurde es zum bisher *besten* Jahr meines Lebens: Meine Englischkenntnisse verbesserten sich im Nu, ich lernte wunderbare Menschen aus der ganzen Welt kennen, feierte ausgelassene Partys, reiste viel herum und auch die Männerwelt ließ mich nicht kalt. Ich verliebte mich in einen jungen Amerikaner namens Marc, einen neunzehnjährigen gutaussehenden Mann mit ecuadorianischen Wurzeln.

Ich durfte in dem einen Jahr als Au-pair-Mädchen extrem viele neue Erfahrungen sammeln. Das vermisse ich hier – in Deutschland – sehr. Seit fünf Wochen bin ich nun wieder zurück in der Heimat, doch mir ist, als wäre die Zeit während meiner Abwesenheit stehen geblieben. Ich selbst habe mich verändert und scheine nicht mehr in *diese* Welt zu passen. Selbst mit meinen besten Freundinnen ist es nicht mehr so, wie es einst war. Wir haben uns auseinandergelebt, die Interessen sind nicht mehr dieselben. *Was ist nur geschehen?*, frage ich mich viel zu oft und sehne mich nach meinem alten Leben in New York zurück. Ist das der sogenannte Reverse-Kulturschock, von dem ich gelesen habe? Die Rückkehr sei nach solch einem mehrmonatigen Auslandseinsatz das Komplizierteste von allem, heißt es, da die Wiedereingliederung in die eigene Kultur eine schwierige psychologische Erfahrung darstelle.

Die Frage, wie es jetzt weitergehen soll, bekomme ich in letzter Zeit viel zu oft zu hören. Ich müsse mich allmählich entscheiden und die ersten Bewerbungen schreiben, sagen meine Eltern fast tagtäglich beim gemeinsamen Abendbrot, denn mit meinen zwanzig Jahren wäre es allerhöchste Zeit, dass ich endlich eine Berufsausbildung oder ein Studium beginne. Da haben sie womöglich recht.

In die engere Auswahl kommen: ein Tourismus-Studium oder eine Ausbildung zur Erzieherin. *Aber* ... eigentlich will ich einfach nur zurück nach New York. Selbstverständlich habe ich mich längst über die Optionen, eine Ausbildung in den USA zu absolvieren, erkundigt. Doch da Berufsausbildungen dort schulisch erfolgen und der Besuch an einem der zahlreichen Career Colleges sündhaft teuer ist – die jährlichen Studiengebühren liegen im fünfstelligen Bereich –, wurde mir schnell klar, dass das nichts wird. Das war`s dann wohl auch mit mir und Marc, der in New York lebt!?

Um meine Eltern glücklich zu machen (und vermutlich, um mein eigenes schlechtes Gewissen zu beruhigen!), entscheide ich mich vorerst für eine schulische Berufsausbildung als Erzieherin in der Nähe meines Heimatstädtchens, die in einem halben Jahr – Anfang September – beginnen soll. Als ich dies offiziell verkünde, ist jeder davon überzeugt, dass dies genau das Richtige für mich ist – nur ich selbst zweifle an dieser Entscheidung. Ist es tatsächlich das, was auch *ich* möchte?

\*

Es ist Samstag. Mit einem leckeren Cappuccino in meiner Hand lasse ich mich auf die grün angemalte Holzbank vor dem Starbucks-Café in der Fußgängerzone plumpsen. *Ein Stadtbummel ist immer wieder schön,* denke ich erfreut, nippe an meinem Heißgetränk und strecke die Beine aus. Inzwischen bin ich seit mehr als vier Monaten wieder in Deutschland, aber so richtig eingelebt habe ich mich trotzdem noch immer nicht. Seltsam, oder? Ich kann es mir selbst auch nicht erklären.

Vor Kurzem habe ich ein Praktikum in einer Kindertagesstätte begonnen. Ein Nachweis darüber wird für die Aufnahme an der Schule verlangt, wo ich die Ausbildung zur Erzieherin machen möchte. Anfangs war ich ziemlich verärgert, dass all die Erfahrungen, die ich während meines Au-pair-Jahres mit Kindern gesammelt habe, hierfür nicht ausreichend sein sollten. Aber da durch das mehrmonatige Praktikum die Vorausbildung als Sozialassistentin wegfällt, kann ich zumindest die Ausbildungszeit um zwei Jahre verkürzen.

... und ich bin wenigstens tagsüber beschäftigt, das kann momentan nicht schaden. Ansonsten würde ich womöglich nur zu Hause rumhocken und meinem alten Leben in den USA nachtrauern, das ich so sehr vermisse. Die Arbeit mit den lieben Kleinen lenkt mich immerhin ein wenig ab.

Die zarten Sonnenstrahlen, die meine Nase kitzeln, sind eine Wohltat. Das Frühjahr beginnt – *endlich!* Am Himmel in der Ferne ist ein Flugzeug zu erkennen. *Wo die wohl hinfliegen?*, frage ich mich. *Asien? Afrika? Amerika? Oder gar Australien?* Ach ja, ich möchte so gerne wieder etwas erleben, will raus in die große, weite Welt. Ich habe solches FERNWEH!!!

Ich nehme einen Schluck und komme ins Grübeln. Plötzlich habe ich diese verrückte Idee: Wenn ich schon nicht nach Amerika zurückkehren kann, wie wäre es dann, wenn ich mich für ein *anderes* Land oder einen anderen Kontinent entscheide? Zum Beispiel: Australien. Den roten Kontinent fand ich schon immer faszinierend und ein Aufenthalt im Land der Aborigines könnte durchaus spannend werden.

Ich denke kurz nach. Ob eine Ausbildung, wie ich sie mir vorstelle, in Australien überhaupt möglich ist? Und was wird mich das kosten? Noch am selben Abend begebe ich mich im Internet auf die Suche. *Ein Schulbesuch an einem Berufscollege im Land der Kängurus,* lese ich. Es wird über eine deutsche Organisation vermittelt:

*Am Marton College, einer erstklassigen Privatschule in Brisbane, werden schulische Berufsausbildungen in Form von Certificates und Diplomas angeboten. Die Dauer dieser Ausbildung betragen mindestens sieben Monate und der Unterricht findet ganztägig statt. Gewinnen Sie neue Fachkenntnisse, verbessern Sie ihre Sprachkenntnisse und lernen Sie nebenbei noch eine fremde Kultur kennen. Solch eine Ausbildung macht sich in jedem Lebenslauf gut – ein weiterer Pluspunkt für Sie!,* heißt es. *Einstiegsmöglichkeiten, zum Beispiel nach einem Tourismus-Studium wären Tätigkeiten am Flughafen oder im Reisebüro. Na, das hört sich doch gut an,* denke ich. Hm …, gewiss ist solch ein Auslandsaufenthalt nicht gerade günstig, aber es wäre im Gegensatz zu den USA finanziell noch machbar. Ich erinnere mich an das Sparbuch, dass ich von meiner Oma zum achtzehnten Geburtstag geschenkt bekommen habe. Es liegt noch immer unangerührt in meiner Schreibtischschublade und während meines Au-pair-Jahres konnte ich ebenfalls etwas Geld ansparen. Das sollte vorerst reichen, oder?

Ich reibe mir die Schläfen. Ob ich es wagen soll, und was werden meine Eltern wohl dazu sagen? Sie gehen immerhin fest davon aus, dass ich ab

September eine Schule in der Umgebung besuchen werde. Doch je mehr ich darüber nachdenke, desto überzeugter bin ich. Ich komme zum Schluss, dass ich diesen Weg einschlagen möchte. Ja, ja, ja!

\*

Es geht voran: Der ausgefüllte Bewerbungsbogen ist bereits eingereicht und meine Eltern sind in meine neuen Pläne eingeweiht. Ich glaube, sie fühlten sich von meiner Idee, ans andere Ende der Welt gehen zu wollen, doch etwas überrumpelt, was ich sogar ein wenig nachvollziehen kann. Aber nach dem anfänglichen Schock helfen sie mir jetzt fleißig, alles in die Wege zu leiten.

Nun fehlt mir nur noch ein TOEFL-Zertifikat. Hierbei handelt es sich um einen international anerkannten Sprachtest, mit dem die Kenntnisse der englischen Sprache beim Hören, Schreiben, Sprechen und Lesen beurteilt und mit Punkten bewertet werden. Ausschließlich mit diesem Nachweis und einer vorgegebenen, zu erreichenden Punktzahl werde ich an der Schule in Australien angenommen.

Wenige Wochen später ist es so weit. Der Test findet in einem modernen Hochhaus mitten in Frankfurt statt. Als ich dort eintreffe, wird mir klar, dass die kommenden Stunden über meine Zukunft entscheiden werden. Falls ich durchfallen sollte, werde ich in Deutschland bleiben müssen und eine Ausbildung zur Erzieherin beginnen. Nun ... das ist Plan B. *Nein, nein ... das darf nicht passieren!* Ich versuche, die vielen Aufgaben nacheinander in Ruhe abzuarbeiten. Zum Glück hatte ich genug Zeit um mich darauf vorzubereiten. Trotzdem wird die Zeit beinahe knapp. Puh! Ob es wohl reicht? *Bitte, bitte!*

Jetzt heißt es warten. Das Ergebnis werde ich schriftlich per Post erhalten. Das kann wenige Tage bis mehrere Wochen dauern. Ich werde mich in Geduld üben müssen, wobei mir das nicht leichtfällt.

\*

*Drei Wochen später...*
„Miriam, da ist ein Brief vom TOEFL Institut angekommen", bemerkt meine Mutter, als ich am Abend von meinem Praktikum im Kindergarten nach Hause komme. Sie geht zum Küchentisch und überreicht mir einen weißen dünnen Umschlag.

Meine Hände zittern leicht. „Das muss die Auswertung sein", sage ich nervös. Gespannt öffne ich den Umschlag. *Bitte lass die Punktzahl ausreichend sein!*

„Und???" Meine Mutter kommt einen Schritt auf mich zu und legt ihre Hand auf meine Schulter.

„Durchgefallen", sage ich enttäuscht und blicke betreten zu Boden.

„Jetzt echt?", fragt sie überrascht und nimmt mir das Schreiben aus der Hand. „Zeig mal her."

Im nächsten Augenblick jaule ich: „Ha ... reingefallen!"

Verwirrt schaut sie mich an.

„Ich hab es geschafft! Ich habe sogar weitaus mehr Punkte als benötigt!", jaule ich laut.

Meine Mutter schüttelt leicht den Kopf und fällt mir dann in die Arme. „Ich freue mich so für dich. Super!"

„Ich gehe nach Australien! WOWW! Juchuu!", singe ich und tanze dabei durch die Küche. Heute kann mich absolut nichts mehr aus der Ruhe bringen. Ich fühle mich glücklich und zufrieden. Zugleich bin ich wirklich stolz auf mich selbst: Meine Englischkenntnisse haben sich nämlich seit dem Beginn meines Au-pair-Jahres um hundert Prozent verbessert.

*

Alles läuft wie am Schnürchen: Mein Studentenvisum ist bereits in Bearbeitung und für eine Unterkunft in den ersten Monaten ist auch schon gesorgt. Ich werde zu Beginn bei einer australischen Gastfamilie namens *Buron* leben – Mary und Bob aus Brisbane. Jedoch sind Kost und Logis, im Vergleich zu meinem Aufenthalt bei der amerikanischen Gastfamilie in New York nicht kostenfrei, da ich nicht für die Familie in Australien arbeiten werde. Sie haben auch gar keine Kinder, nach denen ich schauen könnte, zudem werde ich mich auf meine Ausbildung konzentrieren müssen.

*

Heute wird mein schwarzer Koffer gepackt. All die Dinge, die meiner Meinung nach mitmüssen, liegen auf verschiedenen Haufen im Raum verteilt herum. Leider ist nur ein Gepäckstück mit dreiundzwanzig Kilogramm erlaubt, das kommt mir nicht gerade entgegen. Die Packliste scheint unendlich zu sein. Nacheinander hake ich jeden Punkt darauf ab und stelle den Reisekoffer schließlich auf die Waage. Wie ich befürchtet habe, ist er zu schwer. Das angezeigte Gewicht beträgt achtundzwanzig Kilo. Das bedeutet aussortieren. *Hilfe!*

Zwischenzeitlich kommt mein Bruder ins Zimmer und lacht sich bei dem Anblick, der sich ihm bietet, schlapp. „Willst du dein komplettes Zimmer mitnehmen?"

Ben scheint das amüsant zu finden. Ich hingegen raufe mir die Haare.

„Was ist das?", will er wissen und zeigt auf ein DIN-A4-Blatt, das auf meinem Schreibtisch liegt. Die Überschrift ist in Großbuchstaben geschrieben und lautet: MIRIAMS TO-DO-LISTE. „Darf ich mir das mal durchlesen?"

Ich nicke verlegen und beobachte, wie er sich in meinen schwarzen Drehstuhl fallen lässt und die Auflistung schnappt. Ich muss meinen Koffer noch einmal umpacken. *Was lasse ich hier?*, frage ich mich verzweifelt und versuche dabei, in mich zu gehen. Mein Fazit: *Nichts – ich brauche alles!*

Dann rufe ich mir in Erinnerung, dass die Gebühren für Extrakilos sehr hoch sind. Momentan brauche ich jedoch jeden Cent für meine bevorstehende Reise. „Mist!", fluche ich und beginne zum wiederholten Male, meinen Reisekoffer zu durchforsten. *Irgendetwas muss raus!* Das sind einfach zu viele Klamotten. Oder liegt es an den sechs Paar Schuhen? Es ist der reinste Stress. Nebenbei höre ich, wie mein jüngerer Bruder meine To-do-Liste laut durchgeht:

1. neue Freunde in Brisbane finden
2. ein frei lebendes Känguru sehen
3. Umgang mit einem Bumerang lernen
4. einen Koala streicheln
5. etwas typisch Australisches essen
6. ein giftiges Tier sehen ... oder besser doch nicht?!
7. Einen Traumstrand besuchen
8. reisen

„Cool!", jault Ben. „Da möchte man am liebsten gleich mit." Er seufzt. „Wenn ich schon mit der Schule fertig wäre, würde ich dich glatt begleiten."

„Das wäre klasse", bemerke ich voller Begeisterung und stelle mir in Gedanken vor, wie wir beide Australien unsicher machen würden. Es ist schade, dass dies immer eine Wunschvorstellung bleiben wird.

Kurz darauf verabschiedet sich Ben, weil er noch mit einem Kumpel in der Stadt verabredet ist. Wieder stelle ich den Koffer auf die Personenwaage und kneife meine Augen für einen kurzen Augenblick zusammen. *Bitte, lass es innerhalb der Norm liegen!,* bete ich und richte meinen Blick langsam nach unten auf die Anzeige. Eine rote Zahl leuchtet auf. Zweiundzwanzig Kilogramm, jetzt passt es. Ich atme auf. Es ist vollbracht. *Endlich!*

## ZWEITER TEIL:
## OKTOBER – REISE INS UNGEWISSE

*3. Oktober*

Ein Blick aus dem kleinen Fenster in meinem Dachgeschosszimmer verrät mir: Draußen ist es heute besonders stürmisch. Das gelbbraune Laub auf der Fahrbahn wird wild herumgewirbelt, der Wind pfeift, die dunkelgrauen Wolken sind dicht. *Was für ein Wetter*, denke ich, doch zugleich erwische ich mich dabei, wie ich grinse, denn insgeheim weiß ich, dass ich dieses eklige kalte Oktoberwetter nicht mehr lange ertragen muss. Heute am späten Abend, genauer gesagt um zehn Uhr, steht meine Abreise nach Australien an. Dann geht's Richtung Sonne, was ich kaum erwarten kann. Bereits gestern habe ich mich von meinen Freundinnen und meiner geliebten Oma verabschiedet; ein *komisches* Gefühl, das sich mit allen anderen Emotionen vermischt, die bei so einer Abreise aufkommen. Um ehrlich zu sein – ein wenig nervös bin ich jetzt auch schon. Aber das gehört wohl dazu. *No risk, no fun!*

„Miriam, kommst du? Es gibt Abendessen!", ruft mein Vater nach oben.

„Ja."

Die Familie versammelt sich im Esszimmer. Mein Bruder Ben, der noch zur Schule geht, und meine zwei Jahre ältere Schwester Clara, die inzwischen nicht mehr zu Hause wohnt, sind ebenso gekommen. Frisches Graubrot und Laugengebäck vom Bäcker, Rahmbutter, milder Schnittkäse, aromatischer Schinken, hartgekochte Eier, Gewürzgurken, knackige Tomaten sowie feiner Senf stehen auf dem Tisch. Eine richtig deutsche Brotmahlzeit. Ob es das in Australien ebenfalls geben wird? Wohl eher nicht. *Na dann schlage ich besser mal zu!* Ich weiß jetzt schon, dass mir das sehr fehlen wird.

Doch als ich mich setze, erblicke ich auf dem Porzellanteller vor mir ein Geschenk; es ist festlich verpackt, in einem gestreiften glänzenden Geschenkpapier in den Farben Schwarz, Silber und Weiß. „Ist das etwa für mich?", frage ich verunsichert.

Meine Mutter nickt lächelnd.

Gespannt öffne ich die edle Verpackung. Sekunden später halte ich ein wunderschönes Familienfoto, gerahmt von einem hochwertigen Bilderrahmen aus Aluminium, sowie ein gelbes DIN-A5 großes Büchlein in meinen Händen.

„Das Foto soll dich an uns erinnern", fügt meine Mutter liebevoll hinzu. Es wurde vor ein paar Wochen auf der standesamtlichen Hochzeit meiner älteren Schwester geschossen. Clara steht ebenso wie mir eine spannende und aufregende Zeit bevor. Sie ist nämlich im vierten Monat schwanger. Zum geplanten Zeitpunkt der Geburt ihres ersten Kindes werde ich jedoch noch in Brisbane sein; sie hat mir aber versprochen, mich stets auf dem Laufenden zu halten und mir viele Fotos zu schicken, sobald der Nachwuchs da ist.

Ich blättere durch das Taschenbuch, dessen Cover die Überschrift *Praxiswörterbuch Tourismus: Englisch* ziert. „Ein Vokabelbuch! Das kann ich mit Sicherheit gut gebrauchen", bemerke ich begeistert. „… und das Porträt von uns allen ist auch großartig. Vielen lieben Dank!" Ich freue mich sehr über die Geschenke, aber ein bisschen wehmütig machen sie mich auch.

Auch der Blick meiner Mutter wirkt traurig. Ich weiß, dass es ihr nicht leichtfällt, mich ein zweites Mal gehen zu lassen. Sie hat es wirklich nicht einfach mit mir. Kaum bin ich wieder in Deutschland, flüchte ich erneut ins Ausland. Dabei habe ich die beste Familie, die man sich wünschen kann; doch das Fernweh ist momentan einfach größer.

Im Anschluss wird zu Abend gegessen. Wir unterhalten uns über die guten alten Zeiten und genießen die ausgiebige Jause, während im Hintergrund fröhliche Musik läuft – die besten Hits der 70er. Das lenkt ab und für einen kurzen Moment vergesse ich mal, dass ich heute Abend fortgehe.

\*

Nachdem mein Gepäck eingecheckt ist, legen wir noch einen Stopp bei McDonald's ein. Die komplette Familie ist mit von der Partie, sogar der Mann meiner Schwester ist dabei. Er heißt Markus. Das freut mich ungemein, dass alle gekommen sind.

Ich schlage die Beine übereinander und nippe an meiner eiskalten Coke. „Es ist ungewohnt still hier – kaum was los", bemerke ich verdutzt.

„Selbst hier – bei McDonald's – herrscht tote Hose."

„Ich denke, dass deine Maschine um zehn Uhr eine der letzten sein wird – du weißt schon, wegen des Nachtflugverbotes", meint meine Mutter und streicht sich einmal durch ihre kurzen blonden Haare.

Ich muss schmunzeln. „Ach ja – stimmt. Das Nachtflugverbot! Das hatte ich total vergessen." Ich glaube, gedanklich befinde ich mich schon in Australien.

Mein Vater mustert mich kritisch. „Wie geht es dir, Miriam? Ich finde, du wirkst im Vergleich zum letzten Mal ruhiger und viel gelassener. Oder täuscht das?"

„Hm … ja, ich glaube, da hast du recht", antworte ich nachdenklich und erinnere mich an meinen Abschied, als ich als Au-Pair-Mädchen in die USA reiste. Wie habe ich damals geweint! Es hatte sich angefühlt, als würde mein Herz vor Abschiedsschmerz zerreißen. Jetzt ist das anders. Zugegebenermaßen finde ich Abschiede nie toll, dennoch fällt es mir inzwischen um einiges leichter, loszulassen, denn ich weiß, dass ich auch alleine zurechtkommen werde. Ich fühle mich stärker und selbstbewusster denn je – so, als könnte mich nichts umhauen. Außerdem freue ich mich auf ein neues Abenteuer, bei dem ich ohne Zweifel viel erleben werde.

Keine fünfzehn Minuten später heißt es dann Abschied nehmen. Nacheinander umarme ich jeden innig. Meine Mutter ist die Letzte. Sie wirft mir einen hilfesuchenden Blick zu und ist den Tränen nahe.

Ich beiße mir auf die Lippe. „Mama, es ist nicht für immer. Ich melde mich regelmäßig", versuche ich, sie zu beruhigen.

Clara gibt mir einen kleinen Stups. „Zeit zu gehen, Miriam."

Ich schaue auf meine dunkelblaue Armbanduhr. „Ooh ja, allerhöchste Zeit!"

„Ich habe euch lieb!", rufe ich ihnen noch zu, bevor ich hinter der Sicherheitskontrolle verschwinde. Dann bin ich weg!

*Geschafft!*, denke ich erleichtert. Ich habe die Verabschiedung gut hinter mich gebracht, ein riesiger Stein fällt mir vom Herzen. Das hat mich in den letzten vierundzwanzig Stunden zugegebenermaßen am meisten belastet. Doch jetzt, wo das erledigt ist, fühle ich mich befreit und kann mich uneingeschränkt auf Australien freuen. Und meine Vorfreude ist unglaublich riesig.

Ich mache mich auf den direkten Weg zum Gate und bin sehr gespannt, was ich alles in den nächsten Monaten in Australien erleben werde. Doch zunächst steht mir noch eine viel zu lange Reise bevor, die um die vierundzwanzig Stunden dauern wird: Frankfurt – Singapur – Brisbane. Puh! Hoffentlich werde ich im Flugzeug schlafen können. Na dann: *Auf geht's!*

\*

Als wir in Singapur landen, fühle ich mich wie von einem Lastwagen überrollt. Ich habe kein Auge zumachen können: Mein achtzehnjähriger Sitznachbar, ein gutaussehender junger Mann, scheint sich den Magen verdorben zu haben. Als er sagte: *„Ich muss kotzen"*, nahm ich an, dass es sich hierbei um eine einmalige Sache handeln würde, und reichte ihm noch verständnisvoll die Spucktüte. Wer hätte ahnen können, dass sich seine Magenverstimmung den ganzen Flug über hinziehen würde. Am Ende war ich derart angeekelt, dass ich einen Großteil der Reise in der Bordküche, im Gang und vor den Toiletten verbrachte, da in der Sitzreihe alles nach Erbrochenem roch.

Mein Aufenthalt in Singapur beträgt vier Stunden. Um die Zeit totzuschlagen, vertrete ich mir die Beine am Airport und schaue mich dabei ein wenig um. Überall leuchten asiatische Schriftzeichen, ein Anblick, den ich bisher nur aus dem Fernsehen kannte, denn in Asien war ich zuvor noch nie. Zu gerne hätte ich mehr als nur das Terminal des Flughafens gesehen. Wie auch immer, die Fahrten in die Innenstadt sollen mühsam sein, und eine schnelle, direkte Metroverbindung gibt es leider nicht. Es bleibt mir also wohl oder übel nichts anderes übrig, als mich mit dem Flughafengebäude zufriedenzugeben. Einen kleinen Einblick in die fremde Kultur bekommt man aber auch schon hier.

Bei McDonald's besorge ich mir einen heiß dampfenden Kaffee, der mich bis zum nächsten Flug wachhalten soll und setze mich in eine lauschige Sitzecke, die von sattgrünen Palmen umgeben ist. Ein Blick auf meine grazile Armbanduhr am rechten Handgelenk verrät mir, dass erst fünfundvierzig Minuten seit meiner Ankunft in Singapur vergangen sind. Ich seufze. Um ehrlich zu sein, wünsche ich mir gerade nichts sehnlicher als ein kuschelig-warmes Bett, in das ich mich todmüde fallen lassen kann. Plötzlich fällt mir an der gegenüberliegenden Wand ein beleuchtetes Schild mit dem Schriftzug *Tropengarten* auf. Das klingt ja interessant! Meine Neugier ist sofort geweckt und ich folge der Beschilderung.

Fassungslos bleibe ich vor einer vergitterten Grünanlage stehen und traue meinen erschöpften Augen kaum. Tausende wunderschöner Schmetterlinge flattern ringsherum. „Das gibt's doch nicht", murmle ich erstaunt vor mich hin; der Eintritt ist obendrein kostenlos. Na, das lasse ich mir auf keinen Fall entgehen! Als ich den zauberhaften Garten betrete, wische ich mir sofort mit der Hand über die Stirn. Hier drinnen ist es unerwartet schwül und ich komme schnell ins Schwitzen. Ich schaue mich um. *Herrlich!*, denke ich erfreut und strahle wie ein Honigkuchenpferd, als im nächsten Augenblick die unzähligen bunten Schmetterlinge um mich herumfliegen. In Kombination mit meinem Schlafentzug kommt mir das hier richtig unwirklich vor, fast magisch. Welch ein schillerndes Farbenspiel!

Im Anschluss mache ich einen Abstecher zum zweistöckigen Duty-Free-Shop, ein wunderbares und verlockendes Shoppingparadies, in dem ich interessiert stöbere und mich regelrecht verliere. Als ich das nächste Mal einen Blick auf die Uhr werfe, sind es plötzlich nur noch dreizehn Minuten bis Boardingbeginn. *Mensch, wo ist die Zeit hin?*, frage ich mich erschrocken und lege einen Zahn zu, um pünktlich am Gate zu sein.

*Just on time!* Brav stelle ich mich in der Schlange hinten an. Als der Einsteigevorgang schließlich beginnt, kann ich vor Müdigkeit kaum noch die Augen offenhalten. Wie werde ich froh sein, gleich auf meinem Platz zu sitzen. Ich muss mittlerweile schon mehr als vierundzwanzig Stunden wach sein.

Nacheinander legen die Passagiere den Barcode ihres Flugscheins auf die Quick-Boarding-Maschine am Gate, woraufhin sich die Durchgangstür öffnet. Als ich dran bin, ertönt allerdings nur ein schriller Piepton – die Tür bleibt verschlossen. Verwundert zucke ich zusammen. Leicht irritiert lege ich das Flugticket ein zweites Mal auf, doch der Durchgang bleibt mir auch dieses Mal verwehrt. Hä? Bin ich etwa am falschen Gate?

„Dürfte ich bitte Ihre Bordkarte sehen?", höre ich im nächsten Moment eine schmächtige Dame sagen, die mich gleich darauf bittet, ihr zum Counter zu folgen. Es handelt sich um die zuständige Gate-Mitarbeiterin.

Ich nicke nervös und laufe hurtig hinterher. Ob auch alles in Ordnung ist? Ihr Blick wirkt kritisch und ich beobachte nervös, wie sie in der einen Hand mein Ticket hält und mit der anderen etwas in den PC eintippt. Ihre Fingernägel sind knallrot lackiert, die schwarzen Haare straff zu einem Dutt zurückgebunden, und ihr beiges Kostüm sitzt tadellos; gleichzeitig wirkt sie irgendwie ratlos und telefoniert ständig. Es ist mehr als offensichtlich, dass etwas nicht stimmt, also hake ich verunsichert nach: „Entschuldigen Sie, ist alles okay?"

Sie schaut kurz hoch, lächelt mich höflich an und bittet mich, Platz zu nehmen. Die Ungewissheit macht mir zu schaffen. Ich setze mich und werde von Minute zu Minute merklich unruhiger. Der Wartebereich leert sich allmählich und Panik steigt in mir auf, denn ich möchte den Flug keineswegs verpassen.

Nach einer gefühlten Ewigkeit wende ich mich nochmals an die Frau vom Bodenpersonal, da mich noch immer niemand über das Problem aufgeklärt hat und die Uhr tickt. „Verzeihung, was ist denn bitte los?", zische ich leicht genervt.

Sie zieht eine Augenbraue hoch. „Ihr reservierter Platz 42G ist auf der Flugreise nicht benutzbar", antwortet sie kaum wahrnehmbar. „Ein technischer Defekt des Sitzes."

Ich stöhne auf. „Und jetzt? Gibt es keinen anderen Sitzplatz für mich?"

Sie schüttelt den Kopf. „Wir sind in der Economy-Class komplett ausgebucht."

Ich schlucke trocken. „Werde ich etwa hierbleiben müssen?" Meine Stimme hört sich mit einem Mal leicht zittrig an.

„Geben Sie mir noch ein paar Minuten."

Ich nicke stumm und streiche mir nervös durch die Haare. Die Gedanken beginnen sich zu überschlagen. *Was mache ich nun bloß? Was sind meine Rechte als Passagier?*

Die Dame räuspert sich. „Frau Traut!"

Ich schaue sie mit großen Augen an. Meine innere Anspannung ist jetzt deutlich spürbar und für den Bruchteil einer Sekunde halte ich die Luft an. *Werde ich hierbleiben müssen? Wenn ja, was passiert dann?*

Ihre Lippen formen ein verschmitztes Lächeln. „Sie bekommen heute ein kostenloses Upgrade in die Business-Class", verkündigt sie freudig.

Meine Pupillen weiten sich augenblicklich. „Wer bitte – *ich?*"

„Ja", erwidert sie beschwingt und überreicht mir meine neue Bordkarte.

Ich lese: 5A. „Wow", quieke ich und mein Herz macht vor Freude einen Hüpfer. Jetzt bin ich mehr als sprachlos. Meine Nervosität wandelt sich mit einem Augenblick in unglaubliche Freude. Damit habe ich wahrhaftig nicht gerechnet – ich kann mein Glück kaum fassen!

„Jetzt müssen Sie sich aber beeilen, Sie sind die Letzte!"

Ich lege mir die Handtasche um und eile ins Flugzeug. Die grazile Stewardess, die mich an der Tür willkommen heißt, führt mich zu meinem Sitzplatz. Sie trägt ein hauteiges Kostümkleid mit Schlitz und einem unverwechselbaren Batikmuster. Die Haare sind zum aufwendigen Dutt hochgesteckt. Alles an ihr sieht elegant aus. Sie deutet auf einen Stuhl in Form eines Sessels am Fenster. „Hier ist 5A."

„Danke", nuschle ich und muss mich nebenbei zusammenreißen, damit ich nicht lospruste. Ist das ihr Ernst? *Hier* soll ich hocken?! Vor mir befindet sich ein sechsundachtzig Zentimeter breiter brauner Ledersitz mit einem gigantischen Flachbildschirm. Alles hier wirkt unheimlich luxuriös. Ich nehme Platz und wundere mich zugleich, als die Flugbegleiterin nicht von meiner Seite weicht. Verwundert schaue ich sie an.

„Darf ich Ihnen noch schnell ein paar Sachen erklären", beginnt sie und zeigt mir im Schnelldurchgang, wie ich den Sitz in ein flaches Bett verwandeln kann und wie sich das Entertainmentprogramm bedienen lässt.

Aha, so läuft das hier also ab. Sehr aufmerksam von ihr. Ich bedanke mich.

Es ruckelt, jetzt geht's weiter Richtung Down Under. Juchuu, *fast* geschafft! Ich setze mir die dunkelblaue Schlafmaske auf, die ich im Amenity-Kit finde, kuschle mich in die flauschige Decke und mache es mir in meinem Flugzeugbett gemütlich. Das muss man sich auf der Zunge zergehen lassen: *Flugzeugbett!* Nach meinem anfänglichen Pech mit meinem Sitznachbarn auf dem ersten Flug habe ich jetzt eindeutig das große Los gezogen. *Ach ja, so lässt es sich leben*, ist mein letzter Gedanke, bevor ich endlich mit einem breiten Grinsen einnicke und ins Traumland entgleite.

Als ich Stunden später aufwache, bin ich anfangs desorientiert und weiß nicht, wo ich mich befinde. Erschrocken richte ich mich auf. Dann fällt es mir wieder ein. Ich sitze im Flugzeug nach Australien – und zwar in der *Business-Class!*

Mein Magen knurrt. Die erste Mahlzeit scheine ich verschlafen zu haben. Ich erinnere mich, dass ich einen Schokoladenriegel in der Handtasche haben müsste – besser als gar nichts.

Auf dem großflächigen Monitor im Korridor wird angezeigt, dass die verbleibende Flugzeit noch immer vier Stunden beträgt. Diese Reise scheint nicht enden zu wollen. Ich beginne, ein Buch zu lesen, im Anschluss schaue ich mir einen Film an. Zwei Stunden vor der Landung kommt der zweite Service. *Zum Glück!* Ich sterbe vor Hunger und lasse mir das leckere 3-Gänge-Menü schmecken.

Und dann ist es endlich geschafft! Aber man stelle sich vor: Ich bin in Brisbane und schon *wieder* müde. Mein Schlafrhythmus ist durch die Reise irgendwie komplett durcheinander gekommen. Auf dem Weg zur Einreisekontrolle geht es einen langen Korridor entlang, durch die gläserne Fensterfront auf der linken Seite sieht man die Sonne hell am Himmel leuchten. Die letzten Wochen war es in Deutschland durchgehend grau und regnerisch. Umso mehr weiß ich das gute Wetter zu schätzen.

Die Einreise verläuft reibungslos. Im Nu befinde ich mich im Ankunftsbereich des Terminals, der angenehm klimatisiert ist. Ich folge den Taxischildern ein Stockwerk nach unten. Ein privater Transport ist für mich leider nicht vorgesehen.

In dem Augenblick, als sich die Glasschiebetür zur Straße hin öffnet, bleibt mir für einen Moment die Luft weg. *Wie ist das heiß hier!*, saust es mir durch den Kopf. Uff ... die tropische Hitze in Australien hatte ich eindeutig unterschätzt.

Schnell findet sich ein Taxi, ich steige ein und krame in meiner Tasche nach dem Zettel mit der Adresse der Gastfamilie. *Mist, wo ist bloß der Wisch hin?* Ich werde ihn doch nicht zu Hause liegen gelassen haben? Hektisch durchwühle ich meine Handtasche: Taschentücher, Pass, Geldbörse, Handcreme, Bonbons, Lippenschutz, Zopfgummi, Reiseführer ... *Oh, nein!*

„Fräulein, was ist nun?", fragt der korpulente Fahrer in seinem olivengrünen T-Shirt auf Englisch barsch nach. „Wissen Sie, wohin Sie müssen? Ansonsten muss ich Sie bitten, auszusteigen", entgegnet er grimmig.

Ich bin empört, dass der Mann derart ungeduldig mit mir ist. Immerhin würde ich ihn ja auch bezahlen. Aber bitte, ich bin nicht in der Verfassung, um zu streiten, und klettere aus dem Wagen.

Draußen am Taxistand durchsuche ich nochmals meine beigefarbene Handtasche. Erst als ich auf die Idee komme, in der Innentasche meiner Jeansjacke nachzuschauen, werde ich fündig. „Das ist nicht wahr", brumme ich genervt. *Ich Dummerchen!* Das muss an der Müdigkeit liegen, rede ich mir ein und im Moment bin ich einfach froh, dass ich jetzt weiß, wo ich hinmuss.

Das nächste Taxi steht bereits bereit und der Fahrer – ein junger Herr asiatischer Abstammung, so um die dreißig – wirkt gleich um einiges freundlicher. Er lächelt mich freundlich an, als ich ihm die Adresse durchgebe, dann lehne ich mich erleichtert zurück, krempel die Ärmel meiner Jacke hoch und lausche der Countrymusik im Radio.

Fünfundvierzig Minuten später hält der Taxifahrer vor einem einstöckigen Einfamilienhaus, gebaut aus roten Backsteinen. Seine sogenannte Brick-Bauweise ist typisch für Australien. Das heißt, dass die Häuser auf einem Fundament ohne Keller gebaut wurden.

*Zielort erreicht, ich bin endlich da!*, denke ich erfreut. Ich öffne das Eingangstor aus dunklem Holz. Das Scharnier müsste mal wieder geölt werden, und der Vorgarten sieht auch ganz schön verwildert aus. Hoffentlich wohnt hier keine Messie-Familie?! Die Nervosität steigt, als ich den grauen Klingelknopf betätige. Gleich werde ich zum ersten Mal *meine* Gastfamilie kennenlernen.

Sekunden darauf öffnet eine ein Meter sechzig große, mollige Dame mit blonden, lockigen Haaren die Haustür. „Willkommen, Miriam!", begrüßt sie mich mit einem herzlichen Strahlen und bittet mich hinein. „Wie war der Flug?"

Mary macht einen sehr sympathischen Eindruck auf mich. Ich glaube, ich mag sie jetzt schon.

Ich stelle mein Gepäck an der Garderobe ab und will gerade meine dunkelblauen Stoffschuhe ausziehen, als mich meine neue Gastmutter darauf aufmerksam macht, dass ich diese auch anbehalten könne.

„Ah ... okay", murmle ich überrascht und richte mich auf. Bei meiner amerikanischen Gastfamilie war es ein absolutes No-Go, das Haus mit Straßenschuhen zu betreten. *So unterschiedlich sind wir Menschen!*

„Komm, ich zeig dir dein neues Zuhause. Mit Sicherheit bist du neugierig, wo du schlafen wirst", quiekt Mary froh gestimmt und packt mich am Ärmel meiner ausgewaschenen Jeansjacke. „Komm!"

*Warum hast du es denn bloß so eilig?*, denke ich und eile ihr hinterher.

„Dein Bett habe ich heute Morgen frisch bezogen. Ich hoffe, du magst Karomuster", sagt sie, während sie mich durchs Haus führt.

Ich nicke nur leicht, denn ich fühle mich von den vielen Eindrücken und meiner quirligen Gastmutter etwas überrumpelt. Ehrlich gesagt: Ob Karomuster oder gepunktet, ist mir gerade ziemlich egal. Die Müdigkeit ist zu groß, um mir Gedanken darüber zu machen, ob ich karierte Bettwäsche nun toll finde oder nicht. *Diese Frau scheint voller Energie zu stecken*, geht es mir durch den Kopf. Sie plappert ohne Punkt und Komma. Ich kann ihr kaum folgen, und immer, wenn ich etwas antworten möchte, plaudert sie munter weiter. „Ja", „Aha" oder „Okay" – mehr bringe ich in den ersten Minuten nicht heraus.

„Hier ist die Küche. Ich bin ein Fan von hellen Farben, daher sind die Möbel komplett in Weiß gehalten. Ich finde, unsere Küchennische im Landhausstil strahlt Charme und Gemütlichkeit aus", fügt sie hinzu und schaut mich erwartungsvoll an. „Findest du nicht auch, Miriam?"

„Ja", antworte ich rasch, obwohl ich die Ausstattung etwas altmodisch finde. Doch das behalte ich für mich und versuche nebenbei verzweifelt, ein Gähnen zu unterdrücken.

„Hier drüben ist übrigens unser Wohnzimmer."

Ich schaue mich um und erblicke ein Ecksofa mit einem beigefarbenen Stoffbezug. Um den Fernsehapparat herum stehen Familienbilder und Bücher. Sehr viele Bücher! Es ähnelt beinahe einer privaten Bibliothek. *Vielleicht ist da ja auch etwas für mich dabei*, überlege ich. Ich liebe Lesen. Das werde ich mir demnächst mal in Ruhe genauer anschauen – aber bestimmt nicht mehr heute.

Der Fußboden ist im gesamten Haus gefliest, was der Hitze und der feuchten Luft in Australien geschuldet ist. Da sind Teppichböden eher ungeeignet.

Mary stupst mich an. „Du bist mit Sicherheit müde von der langen Anreise."

„Ein wenig."

Habe ich gerade wirklich „ein wenig" gesagt? Ha, ich bin ja so bescheiden! *Todmüde* würde es wohl eher treffen.

Als Nächstes zeigt mir Mary mein Zimmer. Ein Queen Size-Bett, ein dreitüriger Kleiderschrank, ein Schreibtisch, darunter ein Schubladenelement, ein großes Schiebefenster, an der Decke ein Ventilator – und es liegt direkt neben dem Bad. Was will man mehr? Ich bin zufrieden. Im Gegensatz zum Vorgarten wirkt es, wie auch der Rest der Innenausstattung, sehr gepflegt.

Mein Blick richtet sich auf Mary, die am Türrahmen lehnt. „Sag mal, wo ist denn eigentlich Bob?"

Sie beginnt herzlich zu lachen, und ich sehe sie verwundert an.

„Sorry, Darling, das hatte ich komplett vergessen zu erwähnen. Er ist die nächsten zwei Tage noch fort. Ein Angelausflug mit seinem besten Freund."

„Ach so", erwidere ich und genieße den Ausblick aus meinem Fenster. Im hinteren Garten sind neben vielen Eukalyptusbäumen zwei Liegestühle sowie ein runder, aufblasbarer Pool zu erkennen. Das Ding hat ohne Zweifel einen Durchmesser von drei Metern. *Cool!* Da würde ich zwar am liebsten sofort reinhüpfen, aber ein Bett ist mir jetzt doch lieber.

Es scheint, als könnte Mary meine Gedanken lesen, denn sie sagt: „Dann lasse ich dich jetzt besser mal allein, damit du dich etwas ausruhen kannst."

Ich lächle erleichtert, doch bevor sie geht, dreht sie sich noch einmal um. „Ich werde tagsüber unterwegs sein. Falls du Hunger oder Durst bekommen solltest, kannst du dich jederzeit am Kühlschrank bedienen. Und um sieben Uhr gibt's Abendessen", fügt sie hinzu und verabschiedet sich fürs Erste.

„Danke, Mary", antworte ich und frage mich zugleich, was die aktuelle Uhrzeit in Brisbane ist. Ich habe aufgrund des Jetlags so gar kein Zeitgefühl mehr, und meine Armbanduhr ist noch immer der deutschen Zeitzone angepasst.

Ich rechne nach: Der Zeitunterschied beträgt neun Stunden. Das heißt, wenn es in Frankfurt jetzt Viertel nach zwölf am Abend ist, dann müsste es hier Viertel nach neun am Morgen sein. Ich muss schmunzeln. Wenn meine Eltern in good old Germany schlafen gehen, beginnt bei mir bereits ein neuer Tag. *Abgedreht!*

Ich hole meinen Koffer, den ich an der Garderobe abgestellt hatte, hüpfe rasch unter die Dusche und falle eine halbe Stunde später erschöpft ins Bett. Eigentlich wollte ich meinen Eltern noch eine E-Mail schreiben, dass ich gut angekommen bin, doch das muss warten. Dafür fehlt mir jetzt die Kraft. Es dauert nicht lange, bis ich tief und fest schlafe. *Gute Nacht, Australien!*

# DRITTER TEIL:
## NOVEMBER – DER ALLTÄGLICHE WAHNSINN

*16. November*

*"Do you come from a land down under*
*Where women glow and men plunder?*
*Can't you hear, can't you hear the thunder?*
*You better run, you better take cover."*

Ich liebe dieses Lied! *Down Under* von *Men at Work*, das gerade aus dem Radio dröhnt, verkörpert den australischen Lifestyle – und das nicht nur für mich.

Seit ungefähr sechs Wochen bin ich jetzt in Brisbane und ich finde, dass ich mich gut eingelebt habe. Morgens um viertel nach sechs stehe ich auf und mache mich für die Schule fertig. Meine Gasteltern sind um diese Uhrzeit schon aus dem Haus, somit muss ich mich im Badezimmer nicht hetzen, kann ausgiebig duschen und die Musikanlage dabei voll aufdrehen. Wobei ... *ausgiebig* duschen darf man hier nicht wirklich. Aufgrund des Wassermangels muss sparsam damit umgegangen werden. Selbst das Bewässern des Gartens ist derzeit untersagt.

Mary, meine Gastmutter, ist achtunddreißig, arbeitet als Sekretärin im Stadtzentrum und Bob, den ich erst am dritten Tag meines Aufenthaltes kennenlernte, ist fünfundvierzig und Verkäufer. Ein großer freundlicher Mann mit einem rundlichen Gesicht, kurzen braunen Haaren und einem kugeligen Bauch. Er ist im Vergleich zu meiner überdrehten, ruhelosen Gastmutter etwas ruhiger, mehr in sich gekehrt.

\*

Ich schließe die schmalen Schnallen meiner beigefarbenen Ledersandalen, schnappe meinen Rucksack und ziehe die Haustür hinter mir zu. Jetzt muss ich mich beeilen, denn mein Bus soll planmäßig in fünf Minuten abfahren, und ich bin wieder mal etwas spät dran. Zum Glück ist der Weg zur Haltestelle nicht weit.

Auf der rechten Straßenseite erstreckt sich ein großes Waldgebiet, in dem auch Kängurus leben. Letztens sah ich tatsächlich eines die Straße runterhüpfen. Es war ein äußerst komischer Anblick und wirkte für mich fast so, als wäre das Tier aus einem Zoo ausgebüxt. Somit konnte ich bereits den ersten Punkt auf meiner To-do-Liste streichen: Ein freilebendes Känguru sehen. Überdies sieht man überall knallbunte Vögel auf den Bäumen sitzen, die mich an Papageien erinnern. Ein sehr komischer Anblick!

An der Bushaltestelle treffe ich auf Valentina, eine zierliche zwanzigjährige Austauschschülerin aus Südkorea, die ihre langen, schwarzen Haare fast immer zum Zopf zusammenbindet. Valentina ist seit September in Brisbane und besucht die gleiche Schule wie ich. Am ersten Schultag habe ich sie im Ticketing-Kurs kennengelernt und wir haben uns sofort angefreundet. Ihre Gastfamilie lebt nur einen Wohnblock entfernt.

„Morgen, Vale!", rufe ich ihr zu.

„Ey, du bist heute spät dran!", grölt sie und verdreht die Augen.

„Gerade noch pünktlich", erwidere ich grinsend und deute auf den Stadtbus, der just um die Ecke biegt, während wir uns zur Begrüßung umarmen. Die Tür öffnet sich, wir drängeln uns hinein und setzen uns auf eine Doppelbank im hinteren Teil des Fahrzeugs.

„Was hast du nach der Schule geplant?", erkundige ich mich. „Lust, ein Eis essen zu gehen?"

„Oh ja!", jault sie.

In der Nähe unseres Colleges gibt es eine schöne Fußgängerzone namens Queens Street Mall mit zahlreichen Geschäften, Cafés, Restaurants und Schnellimbissen, zum Beispiel *Hungry Jacks*, der in Deutschland unter dem Namen *Burger King* bekannt ist. Hier spielt sich das Leben ab.

Auf der anderen Flussseite findet man etliche Museen sowie eine große Konzerthalle, einen Park und die sogenannte Southbank, einen künstlich angelegten Strand. Ein wunderbarer Ort, um abzuschalten und zu relaxen. Strahlend weißer Sand und eine fantastische Aussicht auf die Skyline runden das Profil ab.

Das College ist in einem modernen Hochhauskomplex direkt in der Stadtmitte untergebracht und ohne Zweifel die schönste Schule, die ich jemals besucht habe. Die Klassenräume sind hell und in einem einwandfreien, superordentlichen Zustand, zudem sind sie allesamt mit der neuesten Technik ausgestattet. Die Kantine im zweiten Stockwerk bietet ein qualitativ hochwertiges Speiseangebot, darüber hinaus stehen den Schülern mehrere Aufenthaltsräume mit einer gemütlichen Sofaecke, Arbeitstischen mit Computern und Internetzugang zur Verfügung. Das eigentliche Highlight der Schule – *mein absoluter Lieblingsplatz!* – ist die Dachterrasse mit einem herrlichen Blick über ganz Brisbane. Brisbane ist im Übrigen die Hauptstadt des Bundeslandes Queensland und liegt an der australischen Ostküste, entlang des Brisbane Rivers, der in den Pazifik mundet.

Die Lehrer sind unheimlich nett, freundlich, motiviert und geduldig. Sie scheinen ihren Job hier wirklich gerne zu machen! Die Kurse sind gemischt, die Lernenden setzen sich aus einheimischen Studenten und Austauschschülern aus der ganzen Welt zusammen. Da die Benotung und die Bewertung hier für alle gleich sind, werde ich mich doppelt anstrengen müssen, um mit den lokalen Studenten mithalten zu können.

Die Lernfächer selbst sind in acht verschiedene Bereiche aufgeteilt: Tourismus, Geografie, Reservierungs- und Ticket-Service, Management, Finanzen & Buchhaltung, Betriebslehre, Kommunikation sowie PC-Programme.

Der Bus kommt zum Stehen. In einer Viertelstunde beginnt der Unterricht. Leider haben Valentina und ich unterschiedliche Stundenpläne, da sie ihre Ausbildung bereits einen Monat früher als ich begonnen hat. Im Vergleich zu Deutschland gibt es hier die Möglichkeit, eine Ausbildung nicht nur einmal im Jahr, sondern monatlich zu beginnen.

„Bis später!", rufe ich ihr zu, schlurfe zu meinem Sitzplatz in der vorletzten Reihe, werfe meine Tasche neben meinen Stuhl und setze mich.

Wenige Minuten darauf betritt Frau Lawrence den Klassenraum. Unsere Geografie-Lehrerin ist meine erklärte Lieblingslehrerin. Die Geschichten aus ihrer Zeit als Qantas-Flug-begleiterin, die sie uns immer erzählt, finde ich megaspannend. Ich könnte ihr stundenlang zuhören. Was gibt es Aufregenderes, als die Welt zu entdecken! Sie inspiriert mich.

Jemand stupst mich an. „Pst, Miriam."

Ich drehe mich nach rechts und flüstere leise zurück: „Was ist?"

Luis, ein junger Austauschschüler aus Mexiko, grinst und streicht sich mit einer Hand durch seine kurzen, schwarzen Haare. „Wann gehen wir beiden mal zusammen etwas trinken?"

„Mal schauen", antworte ich unverbindlich und zwinkere zurück.

Zugegebenermaßen ist Luis ein netter Typ und sieht zudem auch nicht schlecht aus – er ist durchtrainiert und braun gebrannt -, aber ich bin einfach noch nicht bereit, etwas Neues anzufangen. Dabei sind Marc und ich kaum noch in Kontakt. Ich wollte etwas Abstand.

Luis runzelt die Stirn. „Miriam, du bist echt eine harte Nuss! Aber zu meiner Geburtstagsparty Ende November wirst du kommen?"

Ich nicke stumm und wende meine Aufmerksamkeit wieder der Lehrerin zu.

*

Acht Stunden später endet mein heutiger Schultag. Valentina lehnt am grauen Treppengeländer und wartet bereits ungeduldig.

„Da bist du ja endlich! Dass du immer die Letzte sein musst ... "

„Luis hat mich aufgehalten", kontere ich geschickt. „Er hatte noch ne Frage zu den Hausaufgaben."

„Wer?"

„Luis. Ich hab dir doch von ihm erzählt. Er möchte mich unbedingt auf ein Date einladen."

„Ach ... *der* Luis!" Valentina beginnt zu kichern und hält sich dabei die Hand vor den Mund. Das macht sie immer so, wenn sie lacht – eine typisch asiatische Angewohnheit.

Durch Valentina konnte ich bereits viel über ihre Kultur lernen. Kürzlich erklärte sie mir, dass die Verwendung der linken Hand bei ihnen als unhöflich gilt. Außerdem würde das Wort *Nein* niemals verwendet werden. Es ähnelt in ihrem Land nämlich einer Bloßstellung, sogar einem Gesichtsverlust.

„Du machst Witze!", war meine Reaktion, als sie mir dies erzählte, und ich versuchte im gleichen Augenblick, mich daran zu erinnern, wie oft ich ihr gegenüber dieses Wort schon benutzt hatte, seit wir uns kennen. *Verrückte Welt!*

Wir suchen uns ein schattiges Plätzchen in der kleinen Eisdiele in der

Fußgängerzone und studieren die Karte. Rasch sind wir uns einig: Wir wollen beide einen Schokoladenmilkshake.

Ich mag es, wenn mir Valentina aus ihrem Leben erzählt, und so erfahre ich heute, dass Bildung in Südkorea ein hohes Gut ist.

„Im Alter von drei Jahren werden den Kleinen das koreanische Alphabet und die Zahlen beigebracht", erklärt sie. „Es handelt sich hierbei um mehrere Stunden strengen Unterrichts. Schultage enden gewöhnlich erst spätabends oder sind mit zusätzlichen Kursen und Musikunterricht gefüllt."

„WAS?!", wundere ich mich und blicke Valentina entsetzt an. „Das ist ja noch heftiger als in New York!" Ich nippe an meinem Shake.

Sie nickt. „Später im Berufsleben ist es ähnlich. Die Arbeitstage sind nicht wie hier nur acht Stunden lang. In Korea wird von morgens bis abends geschuftet."

Mir fehlen die Worte und erstmals wird mir so richtig bewusst, wie wenig ich über andere Kulturen weiß. Ich hatte ja keine Ahnung, wie gut es uns in Deutschland geht.

Als es anfängt zu dämmern, treten wir den Heimweg an. Meine Hausaufgaben muss ich heute Abend noch erledigen. Die ersten Prüfungen stehen nächste Woche an, dann beginnt der Lernstress. Ich will gar nicht daran denken!

Als ich gegen sieben Uhr abends nach Hause komme, finde ich auf dem Küchentisch einen handgeschriebenen Zettel von Mary: *Miriam, sind heute Abend im Kino. Im Kühlschrank findest du einen Rest Nudelauflauf. Lass es dir schmecken. Bis später!*

Meine Gastmutter ist wirklich sehr fürsorglich, das bin ich schon fast nicht mehr gewohnt. Als ich letztes Jahr als Au-pair-Mädchen in New York arbeitete, war ich stets für das Abendessen und den Haushalt zuständig. Nun werde ich wieder bekocht. Welch ein Luxus!

Ich wärme ein Stück des Auflaufs auf und setze mich mit meinem Laptop und einem Glas frischen Orangensaft an den Küchentisch. Als ich den Messenger öffne, poppt sofort ein Fenster auf.

*Hello, Miriam!*

Seit einigen Wochen bin ich wieder vermehrt mit meinem Kumpel Marcelo, den ich während meines Au-pair-Jahres kennengelernt hatte, in Kontakt. Er wurde in dem einen Jahr in den USA so etwas wie mein großer

Ersatzbruder. Manchmal unterhalten wir uns stundenlang via Messenger.

*Mensch, du bist aber früh wach*, antworte ich. Denn nach meinen Berechnungen müsste es jetzt fünf Uhr morgens in New York sein. Der Zeitunterschied beträgt nämlich minus fünfzehn Stunden.

Er schreibt, dass er gerade in der U-Bahn auf dem Weg zur Arbeit sitzen würde, und ich erinnere mich an das bunte und ausgeflippte Leben in New York, die Stadt, die niemals schläft. *Ach ja*, seufze ich tonlos. Ab und zu erkundige ich mich auch nach Marc.

*Du musst ihn vergessen, Miriam! Er hat doch längst eine Neue.*

Mein Herz bleibt für eine Sekunde stehen! *Was, ... eine Neue?*, tippe ich mit zittrigen Händen. *Niemals! Davon wüsste ich!!!*

Pause.

*Hat er dir das denn nicht gesagt?*, hakt Marcelo nach.

Ich beuge mich vor und schreibe: *Nein!!!!* Tränen brennen in meinen Augen. Nein. Nein. Nein. Das glaube ich nicht!!! *Du musst dich täuschen!*, schreibe ich wütend.

*Wie du meinst ... Aber ihr seid schon seit Monaten kein richtiges Paar mehr. Im Ernst, was erwartest du? Dass er jahrelang hier – in New York – brav auf dich wartet?*

Ich reibe mir das Kinn. *Keine Ahnung!*, und spüre zugleich ein unangenehmes Stechen in meiner Brust. Ich weiß natürlich, dass Marcelo Recht hat, und verstehe selbst nicht, warum ich mich derart aufrege.

*Geh aus und hab Spaß, Miriam! Du bist noch jung.*

*Das mache ich ja, Marcelo.*

An unseren Wochenenden gehen Valentina und ich oft tanzen. Frauen haben in den Clubs freien Eintritt und Leitungswasser wird hier kostenlos ausgeschenkt. Das kommt uns gelegen, denn unser Budget ist knapp bemessen – immerhin sind wir arme Studentinnen. Manchmal schmeißen wir uns an irgendwelche Jungs ran, nur damit sie uns dann ein Getränk spendieren. Ziemlich egoistisch ..., hm? So schlagen wir uns schließlich durch die Partynächte und auf diese Weise kostet uns solch ein Samstagabend – wenn überhaupt – höchstens ein paar Dollar.

Marcelo, mit dem ich mir die Nächte in NY um die Ohren geschlagen habe, will wissen, wie die Clubs in Brisbane sind.

Ich nehme einen großen Schluck Saft und beginne zu schreiben:

*Der größte Unterschied zu den Clubs in New York City ist, dass die Diskotheken in Brisbane sehr viel kleiner ausfallen. Es handelt sich hierbei mehr um Bars mit einer kleinen Tanzfläche. Auch der Musikstil der Australier ist natürlich komplett anders. Es wird generell viel Rock, Pop oder sogar Countrymusik gehört.*

Anfangs war das eine enorme Umstellung für mich, denn ich hatte die glamourösen VIP-Clubs, in denen vorrangig Reggaeton, Hip-Hop und House gespielt wurde, in Manhattan lieben gelernt. Da ging stets die Post ab, und wenn man Glück hatte, bekam man sogar den einen oder anderen Promi zu sehen.

*Aber das Flair dieser Bars hat auch etwas für sich, die Atmosphäre ist eher familiär*, ergänze ich noch, stopfe mir den letzten Bissen des Nudelauflaufs in den Mund und warte auf eine Antwort.

*Weißt du was, Miriam? Ich beneide dich dafür, dass du all diese Erfahrungen machen darfst. Genieße das Partyleben in Down Under! Zu gerne würde ich mal vorbeischauen.* Es folgt ein Zwinkersmiley. *Ich muss jetzt leider los.*

*Bist du morgen wieder on?*

*Ja, vielleicht. Mach's gut. Ich vermisse dich!*

*Ich dich auch!*

Ich klappe den Laptop zu, räume meinen Teller ab und beginne mit den Hausaufgaben. Aber so recht konzentrieren, kann ich mich nicht. Ich muss ständig über Marc nachdenken und dass er eine Neue haben soll. *Ob ich ihn anrufen soll?* Eine klare Aussprache könnte nicht schaden.

Ich hebe den Telefonhörer ab, tippe die ersten Ziffern seiner Nummer ein … dann lege ich wieder auf, da mir einfällt, dass er womöglich noch schläft. „Diese verdammten Zeitzonen!", brumme ich. Wobei, … vielleicht ist es besser so, was gibt es schon zu bereden? *Ich bin in Australien – er* lebt in den USA. Egal, was er sagen wird, es würde mich doch nur wieder aus der Bahn werfen. Ich muss mit ihm abschließen. *Vergessen. Vergessen!!!*

Um zehn Uhr abends sitze ich im Schneidersitz auf meinem Bett. Im Hintergrund läuft das Radio und in der Hand halte ich einen Bildband über New York, den ich vor Kurzem in der Stadtbibliothek entdeckt habe. Es war sofort klar, dass ich mir das Buch ausleihen musste. Ich betrachte die vielen schönen Fotos: *5th Avenue, Times Square, Central Park* … Ich seufze. Zwar fühle ich mich in Brisbane pudelwohl, aber manchmal vermisse ich mein Leben in den USA schon ein wenig. Die Vergangenheit lässt mich noch nicht ganz los.

„Es wird Zeit, einen Schlussstrich zu ziehen", sage ich zu mir selbst, schaue auf mein linkes Handgelenk und erblicke Marcs Armbändchen, dass er mir zum Abschied geschenkt hatte. Tag und Nacht trage ich es, ohne Unterbrechung. *Du bist ein Teil meiner Vergangenheit, aber ich muss dich loslassen!*

Schweren Herzens öffne ich den Verschluss und nehme das elegante Silberarmbändchen erstmals seit sehr langer Zeit ab. Behutsam lege ich es in die Nachttischschublade neben meinem Bett und gebe mir selbst das Versprechen, es nicht wieder herauszuholen. Danach knipse ich das Licht aus und lege mich schlafen.

\*

### 17. November

Endlich! Die Schulglocke läutet und die einstündige Mittagspause steht an. In der Schulkantine treffe ich auf Valentina, die an der Salattheke ansteht und sich ihren Teller mit Rohkost befüllt. Wir geben uns zur Begrüßung ein Küsschen auf die Wange, danach hole auch ich mir etwas zum Essen.

„Hmmm ... das sieht ja heute bei dir gesund aus!", pruste ich los, als ich mich mit einer Schüssel Chili con Carne an den Tisch geselle.

„Ich hab heute Morgen kaum noch meinen Jeansrock zubekommen", jammert sie. „Seit meiner Ankunft habe ich drei Kilogramm zugenommen!"

Ich lache laut auf. „Aber du hast doch eine Figur wie ein Topmodel", halte ich dagegen. „Du siehst blendend aus!" Valentina hat Beine bis zum Himmel und eine superschmale Taille. Der Traum jedes Mannes!

„Oh, ... danke, Miriam! Das ist lieb von dir. Na ja, dann werde ich mir vielleicht doch noch einen Muffin zum Nachtisch gönnen."

„Mach das!"

Sie verzieht das Gesicht. „Das Grünzeug auf meinem Teller schmeckt ohne Soße nämlich grässlich!"

Ich muss erneut lachen.

„Ach, bevor ich es vergesse: Hast du den Aushang am Schwarzen Brett gesehen?"

Ich schüttle den Kopf. „Äh, ... nein, noch nicht. Was gibt's denn da so Interessantes?"

Valentina beugt sich ein Stück vor. „In einer Studenten-WG, nicht weit von der Schule entfernt, wird ein Doppelzimmer frei", sagt sie aufgeregt.

Ich zucke die Schultern. „Und?"

„Miriam, verstehst du denn nicht? Das wäre doch genau das Richtige für uns. Die lästigen Busfahrten wären endlich vorüber, wir könnten zu Fuß zum College laufen, abends so lange feiern, wie wir wollen, und wären im Nu wieder daheim."

Ich nicke schweigend.

„Hast du denn nie darüber nachgedacht, dir eine andere Bleibe zu suchen, vor allem, da das Leben in einer Gastfamilie nicht gerade günstig ist?"

„Hm. Ehrlich gesagt, fühle ich mich bei meinen Gasteltern sehr wohl."

„Klar, das kann ich gut nachvollziehen. Meine Gastfamilie ist ja auch total nett. Aber stell dir mal vor, wie viel Geld wir sparen könnten! Und das Monatsticket für den Bus würde ebenfalls wegfallen."

„Ja, hört sich alles schon nicht schlecht an, aber ... "

„*Nicht schlecht?*", unterbricht mich Valentina. „Das hört sich für mich nach grenzenloser Freiheit und viel Spaß an! Ab sofort könnten wir tun und lassen, was wir wollen, und müssten nicht mehr pünktlich um sieben Uhr zum Abendessen zu Hause sein."

Ich werde nachdenklich.

„Ach, komm schon, Miriam ... lass uns die Bude zumindest einmal besichtigen."

„Es ist nur *ein* Zimmer?"

„Ja. Aber das sollte für uns doch kein Problem sein, immerhin verstehen wir uns ausgezeichnet."

„Ich weiß nicht ... "

Sie holt ihr Smartphone heraus. „Komm, ich zeig dir ein paar Fotos von der Wohnung", sagt sie und scrollt über die Aufnahmen. „Hier, schau! Es gibt eine große, offene Küche ... Und das ist das Wohnzimmer, ausgestattet mit einer hellen Ledercouch und einem riesigen Flachbildfernseher ... Dann gibt es noch einen geräumigen Balkon ... und zwei Schlafzimmer mit je zwei Einzelbetten und zwei Schreibtischen. Das eine Schlafzimmer wird von zwei Austauschstudentinnen aus Japan und Frankreich bewohnt, das andere könnten *wir* uns teilen. Ein traumhafter Swimmingpool mit Palmen drum herum rundet das Profil ab."

„Wow! Erinnert mich alles in allem mehr an eine Ferienwohnung."

„Und?" Valentina blickt mich mit großen Augen erwartungsvoll an. „Darf ich einen Besichtigungstermin vereinbaren?"

Ich lächle. „Okay, überredet."

„Super!", ruft sie euphorisch. „So, und jetzt werde ich mir einen leckeren Schokoladenmuffin holen. Möchtest du auch einen?"

„Ach ja, warum nicht."

Je mehr ich darüber nachdenke, desto mehr überzeugt es mich mit einem Mal. Die fünfundvierzigminütigen Busfahrten sind in der Tat nervenaufreibend und die Unterkunft bei meiner Gastfamilie ist sowieso nur bis Ende Dezember gebucht und bezahlt, also müsste ich mich ohnehin entscheiden, ob ich den Mietvertrag bei ihnen verlängere oder nicht. Aber selbst, wenn ich tatsächlich ausziehen sollte, könnte ich trotzdem noch mit Bob und Mary in Kontakt bleiben und sie ab und zu besuchen. Schließlich sind sie mir schon ein Stückchen ans Herz gewachsen.

Bald darauf geht der Unterricht weiter, aber da heute die Einheit über den Businessplan entfällt, habe ich bereits um viertel nach zwei Uhr aus. Das kommt mir gelegen, denn ich müsste dringend mal wieder ein paar E-Mails beantworten. Immerhin möchten die Familie und Freunde in Deutschland, aber genauso meine internationalen Au-pair-Freunde wissen, wie es mir hier in Australien so ergeht.

Meine Gastmutter meinte letztens, dass ich zu viel Zeit vor dem Computer verbringen würde. Wie recht sie damit hat! Vielleicht sollte ich einen Blog anlegen, überlege ich mir, als ich im Bus sitze, damit ich nicht immer alles in dreifacher Form verfassen muss.

Eine Stunde später mache ich es mir mit meinem Laptop unter der grauen Kassettenmarkise auf der Terrasse gemütlich. Meine Gasteltern kommen gewöhnlich erst gegen halb fünf Uhr nach Hause und sind noch nicht daheim. Die Sonne scheint, der Himmel ist blitzblau, und die Idee mit dem Blog gefällt mir immer besser. Ich nehme mir vor, mich am Wochenende nach einem passenden Anbieter im Internet umzuschauen. Dort werde ich dann ab sofort meine Erlebnisse in deutscher sowie in englischer Sprache ins Netz stellen.

Es gibt eine neue Mail von Shannon. Sie war meine erste Freundin in den USA und wohnte nur wenige Autominuten von dem Haus meiner New Yorker Gasteltern entfernt. Anfangs litt ich unter schrecklichem Heimweh, und Konflikte mit meiner amerikanischen Gastfamilie waren keine Seltenheit. Shannon jedoch war stets für mich da, wenn es mir schlecht ging, und so bildete sich zwischen uns in dem gemeinsamen Jahr als Au-pair-Mädchen eine tiefe Freundschaft. Nicht zuletzt dank der vielen verrückten Partys wurde es mit Shannon nie langweilig. Wir haben uns nun seit einem Jahr nicht mehr gesehen, sind aber ständig in Kontakt. Und das Beste: Sie ist in Australien zu Hause! Leider hat sich bisher noch keine Möglichkeit ergeben, sie zu besuchen, denn sie lebt ganze dreizehn Autostunden von mir entfernt. Aber an Weihnachten werde ich zwei Wochen frei haben, dann wollen wir uns treffen.

*Ich bin bereits am Planen*, schreibt sie. *Ein Trip zu Cape Hillsborough ist unverzichtbar. Dort kann man zum Sonnenaufgang Kängurus am Strand umherhüpfen sehen.*

Meiner Meinung hört sich das fantastisch an und ich zähle schon die Tage, bis es endlich so weit ist.

Es ist inzwischen viertel nach vier. Höchste Zeit, mit meinen Hausaufgaben zu beginnen! Natürlich würde ich viel lieber etwas unternehmen, aber ich rufe mir in Erinnerung, dass ich nicht zum Spaß hier bin. Alle meine Ersparnisse gehen hierfür drauf, da ich momentan kein Geld verdiene, also will ich bei dem, was ich hier mache, auch erfolgreich sein.

Als jedoch Valentina am Abend anruft und mich fragt, ob ich nicht Lust hätte, mit ihr eine Folge von *Sex and the City* anzuschauen, kann ich nicht ablehnen und mache mich sofort auf den Weg.

Valentinas Zimmer befindet sich im ersten Stock des Hauses ihrer Gasteltern. Es ist riesig, mit hellen IKEA-Möbeln ausgestattet, und sie besitzt sogar einen eigenen Fernseher inklusive DVD-Player.

Ich werfe mich auf ihr großes Kingsize-Bett mit der knalligen Graffiti-Bettwäsche und schnappe mir die Schüssel Popcorn auf dem Tisch. Valentina ist ein ebenso großer Fan von New York City wie ich, und seit sie weiß, dass ich ein Jahr lang im Big Apple als Au-pair-Mädchen gearbeitet habe, ist sie Feuer und Flamme und will absolut alles darüber wissen. Dazu schauen wir uns an manchen Abenden Folgen unserer Lieblingsserie über die vier New Yorker Frauen, ihre Freundschaft und die komplizierte Männerwelt an. Valentina besitzt alle sechs Staffeln.

„Ich hab's dir bis jetzt noch nicht erzählt, Miriam", erklärt sie mir, während sie die DVD einlegt, „aber ursprünglich wollte ich in den USA studieren."

„Was ist passiert, dass du letztendlich hier gelandet bist?"

„Mein Visum wurde abgelehnt", sagt sie bedrückt.

Erstaunt schaue ich sie an. „Echt jetzt?"

„Für uns ist das Einreiseverfahren in die USA sehr restriktiv."

„Ooh ... aber hey, Kopf hoch! Irgendwann wirst auch du einmal nach New York City kommen", versuche ich sie aufzumuntern.

Valentina lächelt zart und gesellt sich zu mir aufs Bett. „Ja, vielleicht ... die Hoffnung stirbt ja bekanntlich zuletzt."

„Das ist die richtige Einstellung."

Sie schenkt für jede von uns ein Glas Cola ein. „Hier, für dich."

„Danke", murmle ich leise, denn der Vorspann des Films hat soeben begonnen und zeigt die funkelnde Skyline von Manhattan. Ich schwelge sofort in farbenprächtigen Erinnerungen. Nein, ich kann es nicht leugnen: Mein Herz hängt noch immer sehr an New York.

\*

18. November

DRRRRRRRRR... Ich halte mir die Ohren zu und versuche, das verfluchte Geräusch meines Weckers zu ignorieren. Die Nacht endet wieder einmal viel zu früh für mich. Im Halbschlaf drücke ich die Snooze-Taste, doch fünf Minuten später rappelt mein Wecker zum zweiten Mal los.

Ich öffne meine Äuglein und schiele aus dem Fenster. Draußen ist es bereits hell, der Himmel ist strahlend blau, trotzdem fällt das Aufstehen schwer. Gestern wurde es wieder mal sehr spät, Valentina und ich haben uns noch bis tief in die Nacht unterhalten. Zum Glück ist heute Freitag. Am Wochenende kann ich wieder ausschlafen.

Ich schlurfe ins Badezimmer und richte mich für die Schule her. Meine

Haare binde ich zu einem Pferdeschwanz zusammen und lege ein dezentes Make-up auf. *Wie gut, dass es bei uns keine Schuluniform gibt*, denke ich, als ich in meine Lieblings-Jeans-Shorts schlüpfe.

An den australischen Highschools ist das Tragen einer Schuluniform Pflicht. Es gibt zwei Varianten, die meiner Meinung nach allerdings beide ziemlich dämlich aussehen. Da wäre zum einen der *Harry-Potter-Look* – helles Hemd, gestreifter Schlips, darüber ein Jackett oder ein V-Ausschnitt-Pullover – und zum anderen der *Ranger-Look*. Letzterer ist eine Kombination aus beigefarbener kurzer Stoffhose, einem gleichfarbigen Hemd und Strümpfen, die bis zu den Knien hochgezogen werden, abgerundet wird das Ganze durch einen großen Stoffhut.

Am Nachmittag steht unser Besichtigungstermin an. Ich hatte, ehrlich gesagt, nicht damit gerechnet, dass wir uns die WG so schnell anschauen würden, bin aber sehr gespannt, was uns da erwartet. *Ob das Zweibettzimmer wohl groß genug für uns beide ist? Gibt es überhaupt einen Kleiderschrank, der ausreichend Platz für alle unsere Klamotten bietet? Sind die zwei Mitbewohner nett?* Fragen über Fragen ...

Nach einem anstrengenden Schultag ist es dann so weit, und wir machen uns direkt auf den Weg. Wie gut, dass sich Valentina hier auskennt, denn mein eigenes Orientierungsvermögen lässt zu wünschen übrig. Ich tapse einfach nur hinterher.

„Hier! Das muss das Haus sein", meint sie und schaut mich freudig an. Ein geschmackvolles sandfarbenes Steinhaus, umgeben von hochgewachsenen Palmen und tollen Feigenbäumen befindet sich vor uns.

„Sieht schön aus", bemerke ich, während Valentina den großen rechteckigen Klingelknopf betätigt.

Eine zierliche junge Frau mit blonden, glatten Haaren, in einem trägerlosen Jumpsuit öffnet uns die Tür, stellt sich vor und führt uns in das Apartment im ersten Stock. Sie heißt Anne, ist vierundzwanzig Jahre alt, und ihr französischer Akzent ist nicht zu überhören.

„So, das wäre dann *euer* Zimmer. Nebenan liegt das Badezimmer."

„Ich glaube, gelesen zu haben, dass es zwei Badezimmer gibt?", fragt Valentina nach.

Anne nickt. „Ganz genau, jedes Schlafzimmer hat sein eigenes Bad."

Wir gucken uns um. Der Raum ist zwar einfach eingerichtet, aber von der Größe her und mit seinem weitläufigen Wandschrank sollte es für uns beide ausreichen. Außerdem ist er aufgrund des riesigen Fensters sehr hell. Tageslicht finde ich ungeheuer wichtig. An der Decke befindet sich ein Ventilator. Überhaupt wundert es mich immer wieder, dass Klimaanlagen hier kaum vorzufinden sind. Das war in New York komplett anders, denn obgleich es dort bei Weitem nicht so heiß war wie auf dem roten Kontinent, gehörte eine Klimaanlage zur Standardausstattung.

Ich wage einen Blick ins Badezimmer. Klein, aber fein. Weiße Fliesen, eine Dusche, ein Waschbecken und die Toilette. Alles, was man braucht. Die gesamte Wohnung macht einen gemütlichen und sauberen Eindruck. Des Weiteren verfügt die Bude über einen offenen Wohn-/Essbereich. Gerade als ich mir die bunt zusammengewürfelte Küche im Vintage-Stil betrachte, tippt mir jemand auf die Schulter. Ich drehe mich um.

Ein Mädchen mit kleinen Schlitzaugen grinst mich an. Sie trägt ein farbenfrohes Kleid mit Erdbeerdruck. „Hallo! Ich bin Anda. Ich teile mir das Zimmer mit Anne", meint sie und fährt sich schüchtern durch ihre schulterlangen Haare, die seitlich mit einer bunten Hello-Kitty-Spange zurückgehalten werden.

Ich reiche ihr meine Hand. „Hallo, ich bin Miriam", entgegne ich lächelnd. „...aus Deutschland!", füge ich noch rasch hinzu.

„Oh, super! Unsere Vormieterin kam ebenfalls aus Deutschland", erwidert die zwanzigjährige Japanerin lächelnd.

„Cool! Dann hast du also die Macken der Deutschen schon kennengelernt?", scherze ich.

Anda lacht. „Du meinst ..." – sie denkt kurz nach – „... dass ihr zum Beispiel nur Wasser *mit* Bubbles trinkt?"

Ich zwinkere ihr zu. „Ja, so in der Art."

Anne winkt uns zu sich. „Kommt, setzt euch! Hier auf dem Balkon ist ausreichend Platz für uns, da können wir alles Weitere besprechen."

Da das Häuschen auf einem Hügel liegt, genießt man von hier aus, einen Rundum-Stadtblick, ich bin völlig hin und weg. „Ah, und da unten ist der Pool", bemerke ich begeistert und nehme auf einem der weißen Plastikstühlchen Platz.

„Genau. Es ist ein Gemeinschaftspool für die Anwohner. Zu der Wohnanlage gehören vier Häuser mit jeweils zwei Apartments."

Ich nicke aufmerksam und kann mir zu dem Zeitpunkt nichts Schöneres vorstellen, als nach einem anstrengenden Schultag in diesen wundervollen rechteckigen Pool, umgeben von Palmen, ins kühle Wasser zu springen und ein paar Bahnen zu schwimmen.

Anne und Anda wirken beide supernett, und es scheint so, als würde die Chemie zwischen uns stimmen. Gewiss sind Valentina und ich nicht die einzigen Interessenten, das war uns von Anfang an klar, aber als Anne meint: „Wenn ihr wollt, könntet ihr Ende Dezember einziehen", wird mir bewusst, dass die Auswahl längst getroffen ist. Sie haben sich für *uns* entschieden.

„Ja!", sagen wir beinahe im Chor und Valentina hält mir ihre Hand zum Abklatschen hin. „Klasse!"

„Jetzt müssen wir das nur noch unseren Gastfamilien verklickern", entgegne ich und reibe mir dabei den Nacken.

Valentina rollt mit ihren Augen. „Oh ja, am besten direkt heute Abend, oder?"

Ich nicke zustimmend. Kurz darauf verabschieden wir uns von Anda und Anne und freuen uns schon jetzt darauf, bald bei ihnen einziehen zu dürfen.

\*

Beim Abendessen – es gibt *Fish and Chips* – sitzen wir zu dritt am Tisch: Bob, Mary und ich. Als ich verkünde, dass ich in Kürze ausziehen werde, folgt peinliches Schweigen. Ich blicke angespannt zu Mary, die sonst immer pausenlos plappert.

„Mhm", brummt sie und schenkt sich ein Glas Wasser ein. Bob hüstelt und zieht die Stirn kraus. „Du ziehst aus?"

Die beiden sind sichtlich überrascht darüber, dass ich auf einmal fortwill. Dabei liegt es keineswegs an ihnen, ganz im Gegenteil. Ich habe sie sogar sehr gerne.

„Ähm ... nun ja, das ist so ...", druckse ich herum und fahre mir mit der Hand nervös durch meine langen braunen Haare. „Versteht das bitte nicht falsch ..."

Gerade, als ich ihnen darlegen möchte, was meine Beweggründe für meine so plötzliche Entscheidung sind, werde ich von Mary unterbrochen.

„Miriam", bemerkt sie sanft.

„Ja?"

„Ist schon gut. Du bist uns keine Erklärung schuldig", sagt sie leise, aber die Enttäuschung in ihren Augen ist nicht zu übersehen.

Ich muss schlucken und beobachte, wie sie ihren Stuhl ein Stück zurückschiebt und aufsteht. *Wohin will sie? Ist sie jetzt etwa beleidigt und verlässt den Raum?*

Nein, Mary bewegt sich geradewegs auf mich zu, und im nächsten Augenblick spüre ich, wie sie ihre Arme um meinen Oberkörper schlingt. *Was ist denn jetzt los? Habe ich etwas verpasst?*

„Weißt du, du wirst uns einfach sehr fehlen." Ihr Griff löst sich. „Du hast hier endlich mal etwas frischen Wind reingebracht."

Ich bin baff und schaue Mary mit großen Augen an. Die Australier sind ohne Frage extrem herzliche Menschen, sie haben keinerlei Berührungsängste und ihre Gastfreundlichkeit ist in der Tat überwältigend, nicht in Worte zu fassen. So etwas kennt man aus Deutschland überhaupt nicht. Die Deutschen ticken anders – wir sind im Allgemeinen eher distanzierter zueinander.

„Danke. Ich komme euch auf jeden Fall mal besuchen", verspreche ich rasch.

„Ja, das würde uns sehr freuen", erwidert sie fröhlich. „Du bist jederzeit herzlich willkommen."

Ich atme auf. *Das wäre geschafft!*

Nach einer gemeinsamen lustigen Runde UNO mit meinen Gasteltern – es ist das Lieblingskartenspiel von Mary – gehe ich auf mein Zimmer, setze mich an den Schreibtisch und beginne an diesem Freitagabend meinen allerersten Blogeintrag.

*Blogeintrag: 18. November*

Hallo zusammen und willkommen auf meinem Blog!
Hier gibt es ab sofort regelmäßig Berichte und Updates über meine Zeit im Land Down Under. Viel Spaß beim Lesen!

*Thema: Kulturschock*
In den letzten Wochen durfte ich viele neue Erfahrungen über die australische Kultur sammeln. Nachstehend ein paar Facts über das Land und die Menschen:

Vorsicht! Das beliebte Peace-Zeichen aus Zeige- und Mittelfinger entspricht hier dem Stinkefinger!

Englisch ist nicht gleich Englisch: Der Slang der Australier ähnelt einem Sing-Sang-Englisch, und einige Wörter wurden völlig neu erfunden, zum Beispiel:
Brekkie: Frühstück
Thongs: Flipflops

Hier herrscht Linksverkehr. Es fällt mir schwer, mich daran zu gewöhnen. Ich laufe in der Fußgängerzone generell gegen den Strom und auf der Rolltreppe ist es das Gleiche: Ich stehe aus Gewohnheit rechts und blockiere damit den Durchgang für andere.

Kleingeld: Es gibt keine 1- und 2-Cent-Münzen. Die Preise werden an der Kasse stets aufgerundet.

Die Autos haben hier zwei Tanks: einen Gas- und einen Benzintank. Erst, wenn das Gas aufgebraucht wurde, fährt das Auto mit dem Benzinvorrat im Wagen weiter. Das spart Geld!

Die Australier sind sportbegeisterte Menschen und lieben Cricket und Rugby. Fußball hingegen ist eher unbekannt.

Nikolaus ist den Menschen in Australien fremd und wird daher nicht gefeiert, auch Adventskalender sind hier nicht üblich.

Alkohol kann man nur in speziellen Bottle Shops kaufen. Die Preise sind allerdings meiner Meinung nach total übertrauert.

Leitungswasser gibt es im Restaurant kostenlos. Das finde ich klasse!

Australier haben im Durchschnitt nur zwanzig Urlaubstage, aber dafür das ganze Jahr über Sonnenschein und gutes Wetter.

Dadurch, dass es im Englischen keine Extraform für das „Du" gibt, ist man oft schnell an dem Punkt angelangt, wo man sich mit Vornamen anspricht. Das gilt auch für den eigenen Chef!

Wahlpflicht: Wer nicht wählen geht, muss eine Strafgebühr bezahlen.

Sonnenschutz – ohne geht's nicht: Australien liegt direkt unter dem Ozonloch, Hautkrebs ist die am häufigsten diagnostizierte Krebsart. Deshalb sollte auf Sonnencreme (mind. Faktor 30 !!) und Hut nicht verzichtet werden.

So, das war's für heute.
Ich wünsche Euch allen ein wunderbares Wochenende.
Bis bald! Miriam

*

*26. November*

Es ist Samstag, Zeit für ein ausgiebiges Frühstück. Als meine Gastmutter an diesem Morgen gut gelaunt in einem farbenfrohen Sommerkleidchen und mit einem *ein Meter siebzig* großen Tannenbaum – *jedoch aus Plastik!* – vom Wocheneinkauf zurückkehrt, bleibt mir fast die Kinnlade hängen.
 „Was hast du denn damit vor?", frage ich sie.
 „Der wird heute aufgestellt und dekoriert", verkündet sie stolz.
 „Heute? Ist das nicht ein bisschen früh?"
 Mary lächelt mich freundlich an. „Nein, es ist immerhin Ende November!?"
 „Ja, eben, genau deshalb ... Weihnachten ist doch erst in einem Monat", halte ich dagegen.
 Irritiert blinzelt sie mich an. „Ich weiß ja nicht, wie das bei euch in

Deutschland abläuft, aber hier in Australien ist es Tradition, dass der Baum spätestens am 1. Dezember fertig geschmückt im Wohnzimmer aufgestellt ist."

„Aha", stammle ich. „Bei uns wird der erst am Vorabend aufgebaut."

„Lust, mir zu helfen?"

Ich räume meine Müslischüssel in die Spülmaschine und fasse mit an. Mary holt bunte Weihnachtskugeln und silberfarbenes glänzendes Lametta aus der Garage und wir beginnen, den Baum aufzuputzen. Eine halbe Stunde später ist es vollbracht und ein bunt geschmückter Prachtkerl steht vor uns.

„Ich finde, das haben wir toll gemacht! Vielen Dank für deine Hilfe. Zu zweit macht das gleich viel mehr Spaß. So, und zu guter Letzt ..." Mary dreht sich um und geht Richtung Schlafzimmer. Ich schaue ihr gespannt hinterher und frage mich, was noch fehlen könnte. Sekunden später kehrt sie mit einer Handvoll Päckchen zurück. „Die *ersten* Geschenke!"

Ich glaube, ich sehe nicht richtig. „Ihr legt jetzt schon Geschenke unter den Baum?"

Mary nickt. „Selbstverständlich!"

Ich muss schmunzeln. Das ist ja total abgedreht! *Diese verrückten Aussies!!!,* denke ich, als wir die leeren Behälter der Weihnachtskugeln wieder in die Garage räumen.

„Geschafft, das war`s!" Mary blickt mich an. „Und, was hast du heute noch so vor?"

„Valentina holt mich gegen zwölf ab, wir wollen an die Southbank – Baden gehen und später, am Abend, findet Luis' Geburtstagsfete statt."

\*

Nach einem erholsamen Nachmittag an der Southbank mache ich mich jetzt für die Party fertig. Ich entscheide mich für ein kurzes ärmelloses hellblaues Kleidchen und kombiniere es mit meinem Lieblingsstück – meiner coolen Jeansjacke im Used-Look. Zu guter Letzt noch etwas roten Lippenstift, genau in dem Moment klingelt es an der Tür. Na, das kann nur Valentina sein. Das nenne ich perfektes Timing! „Ich bin fertig!", rufe ich und eile zur Haustür.

Als wir eintreffen, ist noch nicht viel los. Luis feiert in einem der öffentlichen Parks in Brisbane. Außer Valentina und mir sind auch noch um die zehn Schulkameraden eingeladen. Es riecht nach Barbecue. Luis' bester Kumpel Jack steht am Grill und brutzelt australische Spezialitäten: Känguru, Emu und Alligator. *Ob das schmeckt?*, frage ich mich. Aber ich hatte mir ja vorgenommen etwas *typisch* Australisches zu probieren. Das wird wohl heute sein!

Zwei Mädels, die ich aus der Schule kenne, leisten Jack Gesellschaft und scheinen sich prächtig zu unterhalten. Das Geburtstagskind ist jedoch nirgends zu sehen. Neben dem Grill stehen drei hölzerne Sitz-Tisch-Gruppen sowie eine provisorisch aufgebaute Getränkebar. Es wirkt gemütlich und das Wetter ist obendrein fantastisch. Ein laues Lüftchen lässt die farbenfrohen Lampions, die überall an den Bäumen hängen, lustig hin und her schwingen.

Gerade, als wir uns an den Tisch setzen, taucht Luis mit einer Kiste Bier in den Händen auf. Manchmal erinnert er mich – zumindest vom Äußerlichen her – sehr an Marc, vermutlich aus dem Grund, weil beide ursprünglich aus Südamerika stammen. Mit einem breiten Grinsen im Gesicht kommt er direkt auf uns zugelaufen. „Schön, dass ihr da seid!", begrüßt er uns heiter und stellt den schweren Kasten auf dem Boden ab.

Ich stehe auf. „Komm, lass dich erst mal drücken. Alles Gute zum Geburtstag!" Dann nehme ich ihn in die Arme, doch diese Umarmung dauert länger als gewöhnlich. Er hält mich fest umschlungen und ich habe das Gefühl, als wolle er sich gar nicht mehr von mir lösen. *So war das aber nicht gemeint*, denke ich und räuspere mich. „Ähm ... Luis? Willst du mich nicht mal wieder loslassen?"

„Doch, doch ... *Beauty*", antwortet er hastig und seine Arme geben mich frei. Er schaut mich mit verträumten Augen an und schmunzelt verlegen.

„Darf ich vielleicht auch noch gratulieren?", fragt Valentina und tippt ihm auf die Schulter. „Happy Birthday!"

„Ja, klar. Danke!"

Luis setzt sich zu uns an den Tisch, und wir beginnen, uns prächtig zu unterhalten. Kurz darauf treffen die nächsten Gäste ein. „So leid es mir tut, aber ich muss weiter", meint er, deutet auf seine Freunde und zwinkert mir beim Fortgehen zu.

Kaum ist Luis weg, stupst mich Valentina mit ihrem Ellenbogen an. „Der himmelt dich an, als wärst du ein Superstar", feixt sie und verdreht ihre Augen.

„Echt? Findest du?", entgegne ich erstaunt, aber je mehr ich beteuere, dass ich nichts von ihm will, desto weniger glaubt sie mir. Das nervt. „Ach, ... denk doch, was du willst!", gifte ich sie schließlich an und hole mir etwas zu Essen.

Nachdem wir uns den Bauch vollgeschlagen haben, Valentina mit den landestypischen Grillspezialitäten und ich mit Salat und Brot, wollen wir uns etwas bewegen. Im Gegensatz zu meiner Freundin, konnte ich mich nur dazu überwinden, ein kleines Stück des Alligatorfleisches zu probieren. Es schmeckte zwar wie Hähnchen, nichtsdestotrotz würde ich es kein zweites Mal essen wollen.

Wir laufen eine Runde durch die wunderschöne Parkanlage, umgeben von herrlich farbigen Blumenbeeten, Teichen, Wasserspielen, Palmen und exotischen Pflanzen. Am Himmel leuchtet der Vollmond, es ist eine wunderbare klare Nacht.

Plötzlich springt mich jemand von hinten an. Ich zucke zusammen und drehe mich augenblicklich um. „Mensch, Luis, du ... Verrückter!", pflaume ich ihn an. „Musst du mich so erschrecken?"

„Na, Ladys, was macht ihr zwei hier so alleine?"

„Einen Verdauungsspaziergang", erwidere ich lässig. „Was sonst?"

„Moment ... was ist denn das?", fragt Luis unvermittelt, tritt rasch hinter mich und fordert mich mit besorgniserregender Stimme auf: „Miriam, *nicht* bewegen!"

„Was gibt's denn da Schönes zu sehen?", frage ich belustigt nach, doch im nächsten Moment macht Valentina einen gewaltigen Satz zurück und schreit hysterisch auf.

„Was?!", hake ich nach und stöhne entnervt. „Wenn das mal wieder irgendein blöder Gag von euch sein sollte, finde ich das überhaupt nicht witzig!" Als ich jedoch Valentinas ängstlichen Gesichtsausdruck und ihre großen Augen sehe, die mich im Mondlicht anstarren, wird mir rasch bewusst, dass es tatsächlich ernst sein muss. *Sehr ernst!* „Valentina, was ist denn los?"

„Da ... da ... ", stammelt sie und deutet mit ihrem Zeigefinger in meine Richtung. „Rühr' dich jetzt besser nicht vom Fleck, Miriam!"

„Ja, bloß nicht bewegen!", wiederholt Luis bestimmt.

„Was?", zische ich, doch dann hab ich's. *OH, MEIN GOTT!* „Ist da etwa eine Schlange hinter mir?"

Valentina schüttelt wortlos den Kopf.

„Nein??? A-aber ... was ist es denn dann?", frage ich mit bebender Stimme. Schweigen.

Als ich versuche, einen Blick nach hinten zu erhaschen, werde ich von Luis, der unmittelbar hinter mir steht, angebrüllt: „Miriam, *NICHT* bewegen, verdammt noch mal!"

„Okay, okay ... verstanden", antworte ich panisch und bin mit einem Mal wie schockgefroren.

„Ich bin gleich zurück!", sagt Luis und verschwindet. *Wo will er jetzt hin?* Kurz darauf beobachte ich, wie er mit der großen Grillzange in der Hand zurückkehrt und sich mir im Zeitlupentempo nähert. Das ist mir nicht geheuer. „Luis, was hast du vor?", frage ich jammernd und schaue ihn flehend an. „Was ist denn dort hinter mir?"

Er räuspert sich. „Wenn ich es dir sage, drehst du durch. Es ist übrigens nicht *hinter* dir, sondern *auf* dir."

Ich will schreien, aber es kommt kein Ton aus meiner Kehle. „B-bitte? *AUF* mir?", krächze ich, als ich meine Stimme wiederfinde, und japse, von Angst gelähmt, verzweifelt nach Luft. „Auf meiner Jeansjacke?"

Luis nickt bejahend. „Auf deinem Rücken."

Ich muss schlucken und komme mir vor wie in einem schlechten Film. Doch was ist das Ding auf meinem Rücken nun wirklich? Eine Eidechse? Ein gefährliches Tier? Ich bin mit meinen Nerven inzwischen völlig am Ende und will nur noch, dass es *endlich* weg ist – was immer es auch sein mag.

„Ich habe Angst", flüstere ich und kämpfe gegen die Tränen an.

„Hör mir jetzt gut zu", meint Luis. Er wirkt mit einem Mal sehr konzentriert. „Wenn ich ,*Jetzt!*' sage, dann springst du schnell zur Seite und rennst hinüber zu Valentina dort unter die Palme."

Ich nicke vorsichtig und muss mich zusammenreißen, um nicht auszuticken. Sekunden später spüre ich, wie mir Luis die Grillzange in den Rücken rammt. „Aua!", brülle ich und sehe etwas Großes, Schwarzes ins Gras plumpsen. „Ahhh ... eine eklige Riesenspinne!", kreische ich panisch auf und renne um mein Leben. Mein Puls ist bei gefühlten hundertachtzig Schlägen die Minute, als ich bei Valentina Schutz suche. Sie nimmt mich tröstend in den Arm, denn ich stehe kurz vor einem Nervenzusammenbruch.

„Boah, was für 'n Monsterding!", prahlt Luis, während er langsam zu uns herüberschlendert. „Um die fünf Zentimeter groß!"

Ich rolle die Augen. „Mir ist, ehrlich gesagt, völlig egal, wie groß das Ding war. Hauptsache, es ist weg. *Weit, weit weg!*"

Luis lächelt. „Keine Sorge, Miriam, das Biest ist fort."

Ich runzle die Stirn. „Meinst du, die war giftig?"

„Hm ...", brummt er. „... könnte sein."

Mir wird heiß und kalt. „Könnte sein???", wiederhole ich stockend. Das wollte ich jetzt nicht hören!

Luis legt seinen muskulösen Arm um mich. „Hey, Miri ... alles okay? Du wirkst ein bisschen blass um die Nase."

Ich lache auf. „Ist das verwunderlich? Nicht auszudenken, was alles hätte passieren können."

Luis drückt mich. „Aber es ist ja noch mal gut gegangen."

Ich nicke stumm.

„So, Ladys, und jetzt schlage ich vor, dass wir uns etwas zu trinken besorgen und gemeinsam auf meinen Geburtstag anstoßen."

Valentina und ich stimmen sofort zu, doch der Schock sitzt mir noch immer tief in den Knochen und auf meine Frage, wie diese hässliche dicke Spinne auf meine Jeansjacke gekommen ist, werde ich wohl nie eine Antwort erhalten.

Tja, somit kann ich wohl schon einen weiteren Punkt auf meiner To-do-Liste abhaken: ein giftiges Tier sehen. Wobei ich solch ein abscheuliches Ding lieber aus der Ferne betrachtet hätte. Das war *kein* Spaß!!!

*

Es ist kurz nach Mitternacht. Luis und ich sitzen nebeneinander auf einer Holzbank direkt an einem kleinen Teich, nicht weit von der Grillstation entfernt, und schwatzen über Gott und die Welt. Eine Flasche Tequila leistet uns Gesellschaft. Valentina ist kurz zuvor nach Hause aufgebrochen, weil sie am nächsten Morgen bereits früh aufstehen muss – ein Ausflug mit ihrer Gastfamilie steht an.

„Auf dich, Luis!", quietsche ich fröhlich und schlage meine Beine übereinander. Ich fühle mich bereits leicht benebelt und frage mich im Geheimen, mein wievielter Tequila *das* wohl sein mag. „Übrigens, großes Dankeschön nochmals wegen vorhin. Wenn du nicht gewesen wärst ... Oh, Mann, du bist mein Retter."

„Nicht der Rede wert", meint er. Seine Stimme klingt sanft, er dreht seinen Kopf zu mir. „Hat dir schon mal jemand gesagt, dass du wunderschön bist?"

„Danke, aber ..."

Plötzlich drückt er seine Lippen auf die meinen und beginnt, mich hingebungsvoll zu küssen.

*Stopp! Was machst du denn da?*, denke ich noch, aber zu meiner eigenen Überraschung erwidere ich seinen Kuss. Das muss der Tequila sein ... doch nein – irgendwie passt das nicht. *Ich hab es gleich gewusst: Da ist nichts zwischen uns*, schießt es mir durch den Kopf, während sich unsere Zungenspitzen berühren und er mir nebenbei zärtlich durch die Haare streichelt.

Sanft drücke ich ihn von mir weg. „Luis, aufhören ... bitte."

Verwirrt schaut er mich an.

„Es fühlt sich nicht richtig an", sage ich leise.

„Wie ... *nicht richtig*?", fragt er überrascht und versucht, mich vom Gegenteil zu überzeugen, indem er mir wieder gefährlich nahekommt.

Ich zucke zurück und hole tief Luft. „Ich mag dich sehr, Luis ... aber ich befürchte, mehr so, wie einen Kumpel."

Er nimmt meine Hand und schaut mich misstrauisch an. „Nur als Kumpelfreund?"

„Ich bin in jemand anderen verliebt", gebe ich ihm betreten zu verstehen und schaue verlegen zu Boden. *Jetzt ist es raus.*

Luis' Miene versteinert sich. „Wie, echt? Kenne ich ihn?"

Ich richte meinen Blick nach oben und schüttle leicht den Kopf. „Nee. Er lebt in New York."

Seine großen, braunen Augen gucken mich schwermütig an. „In den USA?"

Ich beginne, von meinem Au-pair-Jahr in Amerika zu erzählen. Dabei bin ich zwar nicht ganz ehrlich, denn ich erwähne nicht, dass Marc längst eine neue Tussi haben soll, aber Luis muss ja schließlich nicht alles wissen.

Fakt ist: Ich liebe Marc – *leider Gottes!* – noch immer. Das wird mir an diesem Abend nochmals bewusst. Luis ist sichtlich enttäuscht, aber wir einigen uns, gute Freunde zu bleiben.

\*

Als ich am frühen Morgen von der Party zurückkehre, treffe ich auf Bob, der sich im hellbau-weiß gestreiften Pyjama gerade Rührei mit Speck zubereitet.

„Na, wo kommst du denn so früh schon her?", fragt er und mustert mich. „Oder kommst du gerade erst nach Hause?" Sein Blick wandert zur großen Wanduhr über dem Ofen. Es ist halb acht.

„Eher Letzteres."

Bob grient. „Ach ja, die wilden jungen Jahre."

„Man ist immerhin nur einmal jung", grinse ich zurück, stelle meine beigefarbene Handtasche an der Garderobe ab und ziehe meine schwarzen Pumps aus.

Bob hält die Pfanne hoch. „Möchtest du auch?"

„Gerne. Das ist genau, was ich jetzt brauche."

Entkräftet lasse ich mich auf einen der Holzstühle am Küchentisch fallen. In der Mitte steht eine prächtige Obstschale mit vielen exotischen Früchten, die stets gut gefüllt ist: Saftige Mangos, aromatische Litschis, süße Ananas, feine Trauben, Passionsfrüchte und ein paar gelbe Bananen. Ich muss zugeben, aufgrund des überwältigenden Angebotes, sowie dem warmen Wetter esse ich hier viel mehr Obst als sonst, und habe mir sogar angewöhnt, morgens immer frischen Quark mit klein geschnittenem Obst zu frühstücken. Das schmeckt wirklich lecker, doch zu Rührei sage ich heute auch nicht Nein.

Ich richte meinen Blick auf Bob. „Wo ist denn Mary?"

„Sie schläft noch", antwortet Bob und gesellt sich zu mir. Er verteilt die Eierspeise auf zwei große Teller und reicht mir eine Portion. „Miriam, lass es dir schmecken."

„Danke, du dir auch." Ich nehme den ersten Bissen. „Mmm ... lecker!", nuschle ich mit vollem Mund.

„Wie war dein Abend?"

„Gut", antworte ich kurz und streue eine Prise Salz über mein Essen.

„Nur *gut*? Mehr nicht?"

Ich zucke die Schultern.

Bob beäugt mich kritisch. „Ist irgendetwas vorgefallen?"

„Äh ... nein", widerspreche ich eilig. „Wie kommst du denn darauf?"

Er hebt seine rechte Augenbraue. „Du bist so ungewohnt still."

„Vermutlich die Müdigkeit", murmle ich leise vor mich hin, ohne ihn dabei anzuschauen, und schiebe mir den nächsten Bissen in den Mund.

Er legt seine Gabel zur Seite und blickt mich durchdringend an. „Sicher?"

Ich weiche seinem Blick aus. *Mist! Er ist ja schlimmer als meine Eltern in Deutschland!*

„Okay ... ertappt", gebe ich schließlich bedrückt zu, entscheide jedoch, den Kuss von Luis für mich zu behalten. „Weißt du, die Sache mit Marc beschäftigt mich noch immer sehr."

„Dein Ex-Boyfriend aus den USA, der jetzt angeblich eine Neue haben soll?"

Ich nicke stumm.

Er nippt an seinem Kaffee. „Habt ihr euch inzwischen mal ausgesprochen?"

Ich schüttle den Kopf.

„Warum nicht?"

„Vermutlich habe ich einfach Angst, dass sich mein Verdacht bestätigt. Dann wäre es offiziell und mein letzter kleiner Hoffnungsschimmer für immer vernichtet." Nachdenklich starre ich die Tischplatte an.

Bob räuspert sich. „Du musst lernen, der Wahrheit ins Gesicht zu blicken."

Ich blinzle. „Meinst du, ich soll ihn mal anrufen?"

Bob lehnt sich zurück und streicht sich zufrieden über seinen Kugelbauch. „Das war köstlich", sagt er. „Und bezüglich deiner Frage: Ja, mach das. Ruf ihn an, dann weißt du zumindest, woran du bist."

Ich denke kurz nach, während Bob die Tageszeitung aufschlägt. „Ja, das werde ich tun ... am besten jetzt gleich", antworte ich zuversichtlich und stehe vom Tisch auf.

„Moment!"

Überrascht drehe ich mich um.

„Wenn ich dir noch einen letzten Tipp geben darf: Leg dich zunächst schlafen. Du bist völlig übermüdet."

Ich nicke. „Wie recht du mal wieder hast. Gute Nacht, Bob", verabschiede ich mich, gehe auf mein Zimmer, schließe die Jalousie und falle todmüde ins Bett. Ich träume von Marc, genauer gesagt von unserer gemeinsamen aufregenden Zeit in New York. *Damals war alles noch gut!*

\*

*27. November*

Am Sonntag, am frühen Nachmittag fasse ich den Entschluss, Marc anzurufen. Während ich die Nummer eintippe, laufe ich unruhig im Zimmer auf und ab. Im Hintergrund läuft leise das Radio. Zugegebenermaßen bin ich ein wenig aufgeregt. *Wie wird das Telefonat wohl verlaufen? Ob er noch wach ist?*, frage ich mich. In New York City ist es immerhin schon elf Uhr abends. Doch Marc hebt beinahe sofort ab. Mein Herz rast.

„Hi, ich bin's", sage ich schüchtern und bleibe für einen Moment starr stehen.

„Miriam? Du-uuu?" Er klingt überrascht.

„Ja", antworte ich mit piepsiger Stimme.

„Wie geht's dir?"

„Gut ... und dir?"

„Ich vermisse dich, Miriam", erwidert er.

*Ha, von wegen – du Lügner!* Ich bin auf hundertachtzig, doch ich versuche, mir nichts anmerken zu lassen. „Was gibt's denn so Neues in New York?", frage ich und versuche, möglichst locker zu klingen.

„Ach ... nicht allzu viel", meint Marc und beginnt, von seinem Studium zu erzählen.

„Und ansonsten?", bohre ich weiter und warte darauf, dass er mir endlich von seiner neuen Geliebten beichtet.

„Nichts ... wieso?"

Ich bin vor kurz vorm Platzen. „Marc, warum sagst du es mir nicht einfach?", kläffe ich ihn an und raufe mir die Haare.

„Bitte? Was genau meinst du?"

Ich hole tief Luft. „Dass du mich nicht mehr liebst." Meine Stimme bebt.

„Wie? Was? Wie kommst du denn darauf?"

„Marc, ich weiß, dass du eine *Neue* hast!", sage ich wutentbrannt. „Hast du Angst, dass ich die Wahrheit nicht verkrafte?", werfe ich ihm vor und halte die Luft an.

Stille.

„Marc! Hast du dazu denn gar nichts zu sagen?", hake ich ein paar Minuten später nach.

Dann räuspert er sich. „Ja, es gibt da ein Mädchen, das ich ein paarmal getroffen habe", kommt es leise aus dem Hörer.

Mein Puls schlägt schneller. *Bang! Jetzt ist es raus. Schmerz, lass nach!* Ich sinke schlaff auf die Bettkante. „Es ist also wahr", flüstere ich und spüre einen Kloß im Hals. Tränen treten in meine Augen.

„Hör zu, Miriam. Im Ernst ... vielleicht ist es besser, wenn wir uns vorerst darauf einigen *nur* Freunde zu sein."

Ich öffne den Mund, will etwas sagen, doch es kommt kein Wort raus. Die ersten Tränen rinnen über meine Wange. Kurz darauf verabschiede ich mich, lege auf und schmeiße mich weinend aufs Bett. Mein Gesicht vergrabe ich im Kissen. *Es ist aus und vorbei – endgültig,* geht es mir durch den Kopf.

Im Radio ertönt ein ruhiger Song, der mich hellhörig macht. Mein Schluchzen verstummt, ich richte mich auf und lausche dem Lied:

You touched my heart you touched my soul.
You changed my life and all my goals.
And love is blind and that I knew when
my heart was blinded by you.
I've kissed your lips and held your head.

(...)

I've been addicted to you.
Goodbye my lover.
Goodbye my friend.
You have been the one.
You have been the one for me.
Goodbye my lover.

Es berührt mich ganz tief in meinem Inneren, denn der Text gibt genau das wieder, was ich empfinde. „Das war *Goodbye my Lover* von James Blunt", höre ich den Radiomoderator wenige Minuten später verkünden.

„*Goodbye my lover, goodbye Marc!*", murmele ich und wische mir mit dem rechten Ellenbogen die Tränen weg. „So ... genug getrauert. Schluss mit dem Selbstmitleid!", sage ich zu mir selbst und denke an das, was meine Großmutter einst zu mir gesagt hat: „Wenn man nach vorne gehen möchte, muss man aufhören, nach hinten zu schauen."

Ich hüpfe aus dem Bett und schlüpfe in meine schwarzen Flipflops, die neben meinem Kleiderschrank stehen. Ich brauche jetzt dringend frische Luft und entscheide mich, eine Runde um den Block spazieren zu gehen.

Die warmen Sonnenstrahlen und die farbenprächtigen Vögel, die auf den umliegenden Bäumen hocken, helfen mir, meine gute Laune wiederzufinden. Mir wird klar, dass ich meine kostbare Zeit in Australien nicht mit dummem Liebeskummer vergeuden sollte. Den restlichen Tag verbringe ich im hauseigenen Pool. Das Becken ist zwar nicht groß und darin schwimmen kann man auch nicht, aber man kann sich gemütlich hineinsetzen und zum Beispiel ein Buch lesen, so wie ich es heute mache. Durch Zufall fand ich im Bücherregal meiner Gasteltern einen hippen Reiseführer über die Nordregionen von Australien – dort, wo auch meine Freundin Shannon wohnt. Interessiert studiere ich die bunten Seiten. Später helfe ich Bob beim Kochen. Wir machen Lasagne – die beste der Welt –, und im Anschluss schaue ich mir mit Mary noch einen Film an.

# VIERTER TEIL:
## DEZEMBER – WEIHNACHTEN UNTER PALMEN

*7. Dezember*

Eine neue Schulwoche hat begonnen und genau darüber – über *meinen Schulalltag* – will ich an diesem Mittwochabend in meinem Blog schreiben. Doch bevor ich nach Hause fahre, treffe ich mich am späten Nachmittag mit Valentina. Wir laufen rüber, auf die andere Seite des Brisbane-Rivers. Was wir vorhaben? Die Gallery of Modern Art in Brisbane, die in der Nähe der Southbank liegt, zeigt derzeit eine Ausstellung der weltbekannten australischen Sängerin Kylie Minogue. Und das Beste daran: Der Eintritt ist frei. Das wollen wir uns nicht entgehen lassen!
 ... und wir werden nicht enttäuscht. Neben unzähligen Bühnenoutfits und Kostümen von ihren vielen Videodrehs sind auch einige Preise, die sie als Sängerin gewonnen hat, und private Fotografien zu sehen. Die Ausstellung erstreckt sich über drei große Räume, die Wände sind in dunklen Farben gehalten und aus den Boxen schallt *Can't Get You Out of My Head* – einer ihrer größten Hits – in Dauerschleife.
 Kritisch beäuge ich die Kleider. Eines steht fest: Diese Frau kann nicht groß sein. All die Sachen, die hier ausgestellt sind, sehen extrem klein aus. „Kaum zu glauben, dass da eine ausgewachsene Frau reinpassen soll", sage ich zu Valentina.
 Sie runzelt die Stirn. „Jede Wette, dass ich – selbst mit meiner schlanken Figur – das schöne Abendkleid mit all den roten Paillettensteinchen nicht mehr am Rücken zubekommen würde? Wenn man das so sieht, würde man denken, dass es für eine Elfjährige genäht wurde, so miniklein ist es."
 Wie wir dann später lesen, gehört Kylie Minogue mit ihren ein Meter dreiundfünfzig zu den allerkleinsten Stars überhaupt. Das erklärt natürlich, warum die Sachen so winzig wirken. Alles im allem ist es eine schöne Ausstellung und es hat sich auf jeden Fall gelohnt, vorbeizuschauen.

Um sieben gibt es immer Abendessen. Wenn ich mal andere Pläne habe, muss ich mich rechtzeitig abmelden. Heute gibt es Kartoffelauflauf und zum Nachtisch süßen Bananenkuchen – eine australische Spezialität. Im Allgemeinen wird in Australien erst am Abend warm gegessen.

Nach dem Essen setze ich mich an meinen Laptop und beginne, meinen zweiten Blogeintrag zu verfassen:

*Blogeintrag vom 5. Dezember:*

Hallo zusammen,
letztens wurde ich gefragt, aus welchen Ländern die Schüler an meiner Schule stammen. Diese Frage möchte ich euch jetzt gerne beantworten. Prozentual würde ich das so aufteilen:

| | |
|---|---|
| 55% | Asiaten: Japan, Korea und Vietnam |
| 25% | England, USA und Schweden |
| 10% | Deutschland, Tschechien, Schweiz und Frankreich |
| 7% | Südamerika: Mexiko und Brasilien |
| 3% | Die restlichen Länder der Welt |

Mein Stundenplan, Schulklassen und Co.:
Am Ende einer jeden Woche bekomme ich einen neuen Stundenplan für die nächsten sieben Tage ausgehändigt, wobei samstags und sonntags kein Unterricht stattfindet. Schulbeginn und -ende variieren, aber oftmals ist zwischen drei und fünf Uhr nachmittags Schulschluss.

Im Gegensatz zu Deutschland gibt es hier keine festen Klassen, sondern es werden im Laufe eines Schultages verschieden Kurse besucht, die zwischen einer und vier Wochen dauern. Am Ende jedes Kurses wird ein Test geschrieben, dessen Note auch auf dem Abschlusszeugnis auftaucht. Folgende Benotungen gibt es:

PD = Performance with Distinction (Sehr gut)
PM = Performance with Merit (Gut)
CO = Competency Attained (Bestanden)
Fällt man durch, muss der Kurs wiederholt werden.

Mündliche Mitarbeit im Unterricht hingegen geht nicht mit in die Note ein, dafür aber die richtige Körperhaltung beim Sitzen. Das heißt: Oberkörper aufrichten. Als ich das anfangs hörte, hielt ich es für einen Joke. Fehlanzeige! Seitdem habe ich angefangen, Übungen zur Stärkung der Rückenmuskulatur zu machen, denn wenn man es nicht gewohnt ist, kann das echt anstrengend werden. Vermutlich wollen sie genau das bei den jungen Menschen bewirken: dass sie selbst mehr darauf achten. Denn wie jeder weiß, hat jeder Zweite Rückenprobleme aufgrund einer falschen Körperhaltung.

Das war's für heute von mir. Ich melde mich demnächst wieder. Jetzt muss ich noch meine Hausaufgaben erledigen.
Tschüss!
Eure Miriam

*

*10. und 11. Dezember*

Dieses Wochenende heißt es lernen, denn am Montag stehen zwei schwierige Tests an: Payroll (= Buchhaltung), sowie Ticketbuchung im Reservierungssystem. Am Samstagmorgen setze ich mich mit meinen Unterlagen an den Schreibtisch in meinem Zimmer und gehe die Sachen in Ruhe durch. Kurze Zeit später klopft es an der Zimmertür. Es ist Mary. Sie steht in der offenen Tür und legt ihren Kopf schräg. „Miriam, wir fahren jetzt zum Strand an die Gold Coast. Bist du sicher, dass du nicht mit willst?"

Ich seufze. „Ne, besser nicht. Außerdem möchte ich später noch mal kurz in die Stadt, ein paar Erledigungen machen. Ich brauche noch dringend ein paar Weihnachtsgeschenke für meine Familie in Deutschland. Viel Spaß am Meer!"

„Danke. Na dann, bis später!"

Wenige Minuten darauf höre ich die Haustür zuschlagen. Ob es die richtige Entscheidung war? *Mist!* Aber andererseits kenne ich mich nur allzu gut. Ich kann am Strand nicht lernen, und das Schulbuch wäre den ganzen Tag lang unangetastet in der Tasche geblieben.

„So, ... und jetzt konzentriere dich gefälligst, Miriam!", sage ich zu mir selbst und reibe mir die Schläfen. „Umso schneller bist du fertig."

Alles im allem erlebe ich trotz stundenlangem Lernen ein tolles Wochenende. Am Abend werden Valentina und ich von unseren zukünftigen WG-Mitbewohnerinnen zu einem Barbecue im Park eingeladen. *Mal wieder* ein BBQ, aber das macht mir gar nichts aus. Ich genieße es in vollen Zügen. Mit leckeren Würstchen, etwas Brot und australischem Bier aus dem Supermarkt lassen wir unseren Abend unter einem herrlichen Sternenhimmel ausklingen. Es wird viel gelacht.

Meinen Einkaufsbummel hole ich am Sonntagnachmittag nach. Hier haben im Übrigen alle Geschäfte auch sonntags geöffnet. Das ist super! Für meinen Bruder kaufe ich ein hippes Badetuch mit einem Känguruaufdruck, meine Schwester bekommt einen schönen Holzbumerang mit australischer Dot-Point-Bemalung, den man sich auch wunderbar an die Wand hängen kann, und für meine Eltern besorge ich ein Glas *Vegemite* und andere landestypische Leckereien.

*Vegemite* ist nebenbei bemerkt der beliebteste Frühstücksbrotaufstrich in Australien, bestehend aus konzentriertem Hefeextrakt. Die Creme ist dunkelbraun und hat einen sehr salzigen und leicht bitteren Geschmack. Eine Delikatesse für die Einheimischen, für uns Ausländer etwas gewöhnungsbedürftig.

\*

*18. Dezember*

Die Wochen vergehen gerade im Fluge. In sechs Tagen ist schon Weihnachten! In der Innenstadt wurde ein bunt geschmückter XXL-Weihnachtsbaum aufgestellt und in den Einkaufszentren sieht man Santa Claus hocken, der besonders gut bei Müttern mit kleinen Kindern ankommt. Nur um ein gemeinsames Foto mit *ihm* und ihrem Kind zu bekommen, wird Schlange gestanden und günstig ist das alles auch nicht gerade. Fünf Dollar pro Abzug. Tja, die Geschäftsidee scheint aufzugehen.

Plätzchenbacken sei in Australien laut meiner Gastmutter keine große Sache und auch zu kaufen gibt es die nirgends. *Komisch*, denke ich.

Eigentlich hatte ich mir fest vorgenommen, gerade deshalb, welche zu backen, aber ich sehe es schon kommen, dass mir die Zeit davonläuft und daraus nichts mehr wird.

Irgendwie ist die Vorweihnachtszeit in Brisbane so komplett anders: Es gibt keinen Adventskranz, Nikolaus wird ebenfalls nicht gefeiert, es werden keine Plätzchen gebacken, Weihnachtsmärkte gibt es ebenso wenig und Glühwein – *was ist das?*, wurde ich letztens gefragt – es scheint den Menschen hier ein Fremdwort zu sein.

Es ist Sonntagabend und ich bin gerade dabei meinen Koffer zu packen. Nein, es geht noch nicht in den Urlaub zu meiner australischen Freundin in den Norden, aber morgen steht der Umzug in die Wohnung im Stadtzentrum an. Mary wird uns nach der Schule hinfahren, was ich ihr hoch anrechne, da wir ansonsten den Bus hätten nehmen müssen. Ich kann es kaum glauben, dass die nervigen Busfahrten bald der Vergangenheit angehören werden. Außerdem muss ich dann nicht mehr so arg früh aufstehen.

*

### 19. Dezember

Während ich neben Valentina auf der Rückbank im Auto sitze, lasse ich die letzten drei Monate Revue passieren. Ich denke an das erste Aufeinandertreffen mit Bob und Mary zurück – *Mensch, was war ich aufgeregt!* – und an die vielen lustigen Abende. Ihre warmherzige Art wird mir alle Zeit in Erinnerung bleiben, aber genauso freue ich mich nun auf mein neues Leben in einer obercoolen Studentinnen-WG. Das wird bestimmt total klasse!

Mit einem Ruck kommt der Wagen zum Stehen. „Da wären wir", erklärt Mary. Sie hilft uns noch beim Ausladen des Gepäcks, danach verabschieden wir uns voneinander und ich verspreche ihr, bald mal vorbeizuschauen.

„Macht's gut, ihr zwei!", ruft sie uns hinterher. Dann schlägt sie die Fahrertür zu, der Motor startet – und weg ist sie.

Wir schauen uns an und müssen beide grinsen. „Die Freiheit ruft!", jault Valentina.

„Juchuu!", jauchze ich überglücklich.

Wir schnappen unser Gepäck und laufen geschwind zur Eingangstür. Aufgeregt steckt Valentina den Schlüssel ins Türschloss. „Hey! Der lässt sich nicht drehen", meint sie frustriert.

„Kann nicht sein. Die werden uns doch nicht den falschen Haustürschlüssel ausgehändigt haben. Lass mich mal." Ich probiere vorsichtig, im nächsten Moment macht es *Klack* – und die schwere Holztür öffnet sich. Ich verdrehe die Augen. „Mensch, Valentina ... du hast in die falsche Richtung gedreht."

„Hey, ich bin eine Frau – was erwartest du?"

„Frau ja – aber doch nicht *blond*."

„Ach, und *Schwarzinen* dürfen sich nicht blöd anstellen?"

„Recht hast du", stimme ich ihr schmunzelnd zu, und wir treten ein. Anne und Anda sind nicht zu Hause. Die beiden haben uns schon vorher mitgeteilt, dass sie den Abend bei Freunden verbringen wollen, somit haben wir freie Bude.

Während wir unsere Sachen auspacken, frage ich mich, was sich wohl ab sofort ändern wird und ob ich mich mit Valentina noch immer so gut verstehen werde, da wir uns jetzt ein Zimmer teilen. Nun, das wird sich wohl erst im Laufe der Zeit zeigen.

*

## 22. Dezember

Seit wenigen Tagen wohnen wir jetzt in der Multikulti-WG und haben uns inzwischen sehr gut eingelebt. Anda und Anne sind total unkompliziert, und auch Valentina und ich kommen blendend miteinander aus. Sagen wir es so: *Life is quite perfect*, und ich selbst bin voller Vorfreude, denn gestern – am Mittwoch – war mein letzter Schultag für dieses Jahr. Zwei Wochen Ferien warten auf mich, und gegen Nachmittag werde ich zu meiner Au-pair-Freundin Shannon nach Mackay fliegen.

Die Stadt Mackay liegt an der Ostküste von Queensland, rund neunhundert Kilometer nördlich von Brisbane und etwa achtzig bis hundert Kilometer südlich von Hamilton Island und Hook Island. Sie wird auch die *Zuckerhauptstadt von Australien* genannt, weil dort ein Großteil des

Zuckers auf dem roten Kontinent produziert wird. Ansonsten ist Mackay eher von geringer Bedeutung und wird vornehmlich von den Touristen, die das Great Barrier Reef besuchen wollen, als Zwischenstopp genutzt.

Nach einem eineinhalbstündigen Flug lande ich auf einem kleinen, von brauner Wüste umgebenen Flugplatz. Alles sieht ausgedorrt aus. Als ich durch die Tür der kleinen Propellermaschine ins Freie trete, würde ich am liebsten sofort wieder kehrtmachen und mich in der angenehm kühlen Maschine verkrümeln. Draußen herrscht brüllende Tropenhitze! Ich erinnere mich, im Reiseführer gelesen zu haben, dass das Klima im Norden des Landes mit der kenianischen Küstenregion vergleichbar ist.

*Das ist ja wie in der Sauna!*, saust es mir durch den Kopf und ich schnappe nach Luft. Die Luftfeuchtigkeit ist extrem hoch, auf meiner Stirn bilden sich sofort die ersten Schweißperlen. *Wo bin ich hier bloß gelandet?* Als ich höre, wie die Leute hinter mir nervös murmeln, schiebe ich mir die Sonnenbrille in die Haare, steige die Stufen hinunter und folge den anderen Passagieren über das Vorfeld zum Terminal.

Wenige Minuten später stehe ich an der Gepäckausgabe und warte darauf, dass sich das Förderband in Bewegung setzt. Ein Brummen ertönt, und die ersten Gepäckstücke tauchen auf. Erleichtert stelle ich fest, dass auch *mein* Koffer mit den Weihnachtsgeschenken für meine Freundin und ihre Eltern darunter ist. Gleich werde ich Shannon wiedersehen! Auf dem Weg zum Ausgang bin ich so aufgeregt, dass sich mein Magen zusammenkrampft.

Meine australische Freundin möchte eines Tages als Kinderkrankenschwester arbeiten und besucht daher zurzeit ein Berufscollege im Bereich *Nursing (= Pflege)*. Beeinflusst durch die vielen Arztserien, die ich stets mit großer Begeisterung verfolgt hatte, wollte auch ich früher einmal Krankenschwester werden. Also entschloss ich mich nach meinem Realschulabschluss, mein Abitur in der Fachrichtung Gesundheit zu absolvieren. Im ersten Jahr hatte ich an den ersten beiden Tagen der Woche Unterricht in der Schule und arbeitete von Mittwoch bis Freitag als Praktikantin in einer medizinischen Einrichtung. Schnell musste ich feststellen, dass meine Lieblingsserien absolut nichts mit dem wirklichen Krankenhausleben zu tun hatten, und bald wurde mir klar, dass ich im Gegensatz zu vielen meiner Klassenkameraden weder eine Ausbildung zur Krankenschwester machen noch ein Medizinstudium beginnen wollte. Stattdessen entschied ich mich dazu, ein Jahr lang als Au-pair-Mädchen nach New York zu gehen – die beste Entscheidung meines Lebens!

„Hallo, Miriam! Hier bin ich!", höre ich jemanden in der Menge rufen. Ich blicke mich um und mein Adrenalinspiegel steigt rasant an, als ich zwischen den anderen Wartenden ein braun gebranntes, schlankes Mädel mit glatten braunen Haaren sehe. Shannons blaue Augen leuchten, während sie mir mit beiden Händen eifrig zuwinkt.

Mit einem breiten Grinsen renne ich augenblicklich los. Mein weinrotes Neckholder-Sommerkleid flattert, das Gepäck schleife ich unsanft hinter mir her. Sekunden später liegen wir uns in den Armen und drücken uns, als würden wir uns nie wieder loslassen wollen.

„Es ist sooo schön, dich wiederzusehen!", jauchze ich freudestrahlend und beginne vor Aufregung, wie ein Wasserfall zu plappern.

Erst im zweiten Moment bemerke ich, dass meine australische Freundin nicht alleine gekommen ist. Neben ihr stehen noch eine sportlich-schlanke Frau mit schulterlanger roter Lockenpracht und ein Mann mit kurzen grauen Haaren und einem kleinen Bierbauch. Beide tragen beigefarbene Shorts in Kombination mit einem Jeanshemd. *Partnerlook, ach wie süß*, denke ich mit einem heimlichen Schmunzeln.

„Miriam, darf ich vorstellen: Das sind meine Eltern Sally und Josh", sagt Shannon voller Stolz.

„Herzlich willkommen!", begrüßt mich Sally, wirft ihre füllige Mähne in den Nacken und zieht mich zu sich heran. „Es ist schön, dich endlich mal kennenzulernen. Ich habe schon viel über dich gehört."

„Ich hoffe, nur Gutes", scherze ich.

„Naja ... teils, teils", antwortet sie ernst, wobei sie eine Augenbraue hochzieht und mich von oben bis unten mustert.

Ich zucke zusammen und bin verwirrt. „Bitte? W-wie?", frage ich erschrocken nach und schaue meine Freundin hilfesuchend an. *Auweia, was hat Shannon ihren Eltern bloß erzählt? Haben wir uns jemals gestritten? Nein ... nicht, dass ich mich erinnern könnte.*

Im nächsten Moment prustet Shannon los. „Hihihi! Deinen Gesichtsausdruck müsstest du jetzt sehen ... Das war doch nur 'n Joke, Miriam – hast du das denn nicht gemerkt?"

„Wie jetzt?", stammle ich und streiche mir verlegen eine Haarsträhne hinters Ohr. „Ach, das war ironisch gemeint?"

Sally nickt zustimmend. „Natürlich, Miriam!", bestätigt sie und klopft mir dabei herzlich auf die Schulter.

Ich atme auf. „Puh! Mann, dann bin ich ja erleichtert!"

Shannons Vater schnappt sich mein Gepäck und bringt uns zu einem weiß lackierten Geländewagen, der auf dem vor Hitze flimmernden betonierten Parkplatz steht. Es ist ein hochgelegtes Fahrzeug mit riesigen Rädern und einer robusten Bauweise. *Typisch Australien eben!*

„Bitte einsteigen, Ladys!", sagt er fröhlich, öffnet die hintere Tür und reicht uns zuvorkommend die Hand. Während Josh mein Reisegepäck im Kofferraum verstaut, mache ich es mir auf der mit schwarzem Leder bezogenen Rückbank gemütlich. Gerade als mein Anschnallgurt einrastet, stupst mich meine Freundin an.

„Ich muss dir was erzählen."

Neugierig schaue ich sie an. „Was denn?"

Sie holt tief Luft. „Halt dich fest! Gestern, als mein Vater den Rasen gemäht hat, da hat er etwas entdeckt … Es hatte sich im Beet versteckt."

„*Es?*", hake ich nach, weil Shannon eine vielsagende Pause macht.

„Bist du bereit?"

Meine Augen weiten sich. „Ja, mach's nicht so spannend. Erzähl schon!"

„Eine Rotbäuchige Schwarzotter."

Ein leiser Schrei entfährt mir. „Bei *euch* im Garten?! Die ist doch hochgiftig!" Meine Angst vor Schlangen ist gewaltig, und ich bin glücklicherweise in Brisbane bisher noch keiner begegnet. Wobei anzumerken ist, dass diese eher in ländlichen Gegenden vorkommen.

Shannon nickt und lächelt. „Wir waren selbst überrascht."

„Und dann?", frage ich angespannt. „Was hat dein Vater dann gemacht?"

„Nun ja … Schlangen greifen generell nur an, wenn sie sich bedroht fühlen, und Menschen gehören nun mal nicht zu ihrem Beuteschema. Mein Paps ist einfach ruhig auf der Stelle stehen geblieben und hat gewartet, bis die Otter fort war."

Ich lehne mich zurück, stoße einen Seufzer aus und versuche zu verarbeiten, was ich gerade gehört, aber bisher immer erfolgreich verdrängt habe: *Ich könnte hier in Australien jederzeit einer gefährlichen Schlange begegnen!* Die sind überall, selbst im Garten. Ein eiskalter Schauder überkommt mich.

„Na, dann werde ich hier besonders aufmerksam sein", sage ich mit einem eher beunruhigten Unterton und wünsche mir, ich wäre genauso furchtlos wie Shannon. Im Gegensatz zu mir scheint meine australische Freundin nämlich keine Angst vor diesen Biestern zu haben.

„Ach, weißt du, Miriam", meint sie ruhig, als ich sie danach frage, „ich bin damit aufgewachsen und sehe Schlangen daher nicht als Bedrohung an."

Eine halbe Stunde später passieren wir die Ortseinfahrt. „Jetzt ist es nicht mehr weit", meint Shannon aufgeregt, während ich die Aussicht aus dem Fenster genieße. An der von Palmen gesäumten Straße sehe ich zahlreiche Cafés und Restaurants. Alles wirkt sehr gemütlich. Mein Blick schweift nach oben. Der Himmel hat sich inzwischen zugezogen, die Sonne ist verschwunden. Das sieht nach einem Gewitter aus. Gleich darauf beginnt es auch wirklich zu nieseln. Heftige Unwetter und kurze Regenschauer gehören derzeit zur Tagesordnung. Auch Zyklone können vereinzelt auftreten, denn im tropischen Norden herrscht jetzt Regenzeit.

Der Wagen fährt eine schmale Hauseinfahrt hoch. Rechts steht ein Maschendrahtzaun, auf der linken Seite erblicke ich ein hübsches, farbenfrohes Holzhaus auf Holzpfählen. Das mag etwas seltsam erscheinen, aber soviel ich weiß, dient dies zur Kühlung, damit die Luft besser zirkulieren kann. Diese *Queenslander* genannten einstöckigen Häuschen gibt es nicht nur hier, sondern auch in Brisbane und in vielen anderen Städten Australiens.

Inzwischen regnet es in Strömen. Ich öffne die Autotür, schnappe mir meine überfüllte Handtasche und hetze den anderen hinterher. Völlig durchnässt kommen wir am Hauseingang an. „Was für ein Wetter!", zische ich und streiche mir meine patschnassen Haare hinter die Ohren.

Direkt beim Eingang befindet sich das Wohnzimmer. Eine stilvolle Sofalandschaft aus dunkelbraunem Leder nimmt den größten Teil des Raumes ein. Daneben steht ein kunterbunter, um die ein Meter achtzig großer Plastikweihnachtsbaum, und in den Regalen tummeln sich unzählige Porzellanpuppen. „Die sammelt Sally mit großer Begeisterung", hatte mir Shannon am Telefon erzählt.

Danach führt mich meine Freundin in ihr Reich, das am Ende eines Korridors liegt. Als ich eintrete, muss ich schmunzeln. Genau so hatte ich es mir laut ihren Erzählungen vorgestellt: ein typisches Mädchenzimmer, die Wände in einem zarten Lila gestrichen, und in der Mitte des Raumes ein Himmelbett mit unzähligen rosafarbenen kleinen Kissen. Neben dem weiß angestrichenen Kleiderschrank steht ein Schminktischchen, auf dem etliche Lippenstifte, Nagellacke und Lidschatten in allen möglichen Farben zu sehen sind.

Als ich meine Handtasche ablege, entdecke ich ein Bild, das über der Kommode neben der Tür hängt. Es ist ein Gruppenfoto unserer Clique in New York. *Ich vermisse unsere Bande*, denke ich schwermütig. Ob wir ihnen auch fehlen?

Shannon steht hinter mir und stupst mich an. „War 'ne schöne Zeit als Au-pair in den USA", bemerkt sie sanft.

Ein leiser Seufzer entfährt mir. „Ja, das war es wirklich."

Ich drehe mich zu ihr um und drücke sie nochmals fest an mich. „Ach, es ist so schön, zumindest dich wiederzusehen!"

*

## 23. Dezember

Am nächsten Tag ist ein Strandbesuch geplant. Es ist schwülheiß, als wir nach einem fünfzehnminütigen Fußmarsch nass geschwitzt ankommen. Der Strand ist wunderschön: kristallweißer Sand, türkisfarbenes Wasser – ein perfektes Postkartenmotiv. Ich blicke auf das weite Meer hinaus, und selbst hier ist keine Luftbewegung zu spüren.

„Komm!", meint Shannon, und ich folge ihr über den glühenden Sand. In der Nähe des Ufers stellen wir den großen Sonnenschirm auf, die Kühltasche mit den Getränken platzieren wir im Schatten darunter.

Schnaufend schlüpfe ich aus meinem Jeansrock und ziehe mir das weiße Kreuzträgertop über den Kopf. „Diese Hitze macht mir echt zu schaffen", maule ich ein wenig.

Shannon lacht. „Alles reine Gewöhnungssache."

„Also, ich weiß ja nicht, wie's *dir* geht ... aber *ich* brauche jetzt dringend eine Abkühlung. Kommst du mit ins Wasser?"

Gemeinsam stürzen wir uns in die Fluten. Das glitzernde, klare Wasser ist fantastisch und die Temperatur genau richtig. *Ich muss im Paradies sein*, denke ich frohgemut und lasse mich treiben.

Auf dem Herweg hat mir Shannon erzählt, dass hier – an dem Strandabschnitt – generell nicht viel los sei, und damit hat sie eindeutig recht. Ich genieße die göttliche Ruhe vor Ort. Die Sonne strahlt und die Aussicht auf den wunderschönen Sandstrand mit all den Palmen im Hintergrund ist überwältigend. Ein Traum!

Mein Blick geht nach rechts zu Shannon, die gerade dabei ist, ihre froschgrüne Gummiluftmatratze aufzublasen. „Mensch, dafür beneide ich dich, dass du jederzeit hierherkommen kannst."

Sie nickt und pustet unermüdlich weiter.

Ich atme einmal tief ein. „Außerdem liebe ich diesen tollen Salzgeruch! Traumhaft!" Ich drehe mich tanzend im Wasser, meine Fingerspitzen berühren die Oberfläche. „Hier kann man definitiv alle seine Sorgen vergessen, entspannen und abschalten."

„Schön, dass es dir gefällt", erwidert Shannon lächelnd und wirft sich auf ihre Luftmatratze, während ich rasch ans Ufer zurückrenne, um Taucherbrille und Schnorchel zu holen. Ich möchte heute gerne das Leben unter Wasser auskundschaften. Die Unterwasserwelt soll vor allem hier, am Great Barrier Reef, sehr beeindruckend sein.

Welch ein bunter Reigen! Kleine und große Fische in prächtigen Regenbogenfarben schwimmen umher. Ich bin sprachlos und überwältigt, doch dann zucke ich plötzlich zusammen und reiße die Augen auf. Ein dunkles Etwas dort in einiger Entfernung – mindestens um die vierzig Zentimeter groß, wenn nicht sogar größer – ist eindeutig *kein* Fisch. Zudem kommt es genau auf mich zu geschwommen. Es sind sogar *zwei* dieser Art! Ich bin kurz starr vor Schreck, dann tauche ich sofort auf, reiße das Mundstück meines Schnorchels aus dem Mund und rufe panisch nach meiner Freundin.

„Was ist denn los?", fragt Shannon lässig. Sie treibt nur ein paar Meter von mir entfernt auf ihrer Luftmatratze und summt fröhlich ein Liedchen vor sich hin.

„D-dort! Dort ist es wieder!", rufe ich aufgeregt.

Sofort richtet sich Shannon auf und schaut überrascht zu mir herüber. „Was ist los, Miriam?"

„Da ... da schwimmen zwei monsterähnliche Gestalten an mir vorbei. Die sind riesengroß, braungrün und rund", füge ich stockend hinzu, dann versagt meine Stimme. Ich wage nicht mehr, mich zu bewegen, denn ich habe keine Vorstellung, was es sein könnte – und genau *das* versetzt mich in Angst und Panik.

„Wenn es braungrün ist, dann kann es zumindest kein Hai sein", meint Shannon und paddelt seelenruhig auf mich zu, während ich die schwimmenden Ungetüme weiter genau beobachte. „Warte, ich komme."

*Was denn nun?! Hat sie kein Hai oder ein Hai gesagt? Oh, Mann!* „*Kein* Hai, oder?", frage ich mit bebender Stimme nach.

„KEIN Hai", wiederholt Shannon laut und deutlich.

Ich atme ein wenig auf und beschließe, mich nochmals zu vergewissern, dass ich mir nichts eingebildet habe. Womöglich sind es doch nur zwei Riesenfische? Ich hole tief Luft, ohne den Schnorchel in den Mund zu nehmen, und gehe vorsichtig mit dem Kopf nach unten, bis die Taucherbrille halb im Wasser ist. *Wahnsinn! Kann das möglich sein?*, denke ich und schüttle leicht den Kopf. Das dort sind Meeresschildkröten! Wenn ich bloß mal genauer hingeschaut hätte ... wobei die Beschreibung *rund und braungrün* schon zutreffend war.

Ich hebe meinen Kopf wieder aus dem Wasser und schaue meine Freundin mit großen Augen an. „Gibt es hier etwa Schildkröten?"

Shannon prustet los. „Ja, klar. Was dachtest du denn?", ruft sie und springt munter von ihrer Matratze ins Wasser.

„Das muss ich mir genauer anschauen. Komm schnell, ich zeige sie dir!"

Langsam nähern wir uns den Panzertieren und schwimmen eine Weile hinterher. Ich bin entzückt und muss grinsen. Ich habe noch nie im Leben so riesige Schildkröten gesehen.

\*

Kappe auf den Kopf und Sonnenbrille auf die Nase, zu guter Letzt noch einmal mit Sonnenblocker nachcremen. Die UV-Strahlung ist hier nicht zu unterschätzen. Auch bei bewölktem Wetter, wenn die Sonne selbst überhaupt nicht zu sehen ist, kann man sich ruckzuck einen üblen Sonnenbrand einfangen, wie ich bereits am eigenen Leib verspüren durfte. Rot wie ein Krebs waren meine Arme und mein Kopf. Das war nicht nur ziemlich schmerzhaft, sondern ich sah auch total bescheuert aus. Seitdem habe ich immer eine kleine Tube Sonnencreme in der Handtasche.

Ich lege mich mit dem Rücken auf meine Strandmatte. Neben mir steht eine kalte Cola light, in der rechten Hand halte ich meinen MP3-Player, aus dem mit *Stille Nacht, Heilige Nacht* gerade eines meiner Lieblingslieder erklingt. Ich finde, die Vorweihnachtszeit ist immer eine schöne Zeit für das Singen und Hören von ruhigen und besinnlichen Weihnachtsliedern. Es gibt eine Vielzahl von stimmungsvollen Songs, die ich liebe und die für mich einfach zu Weihnachten dazugehören. In diesem Jahr allerdings habe ich noch kein einziges Weihnachtslied gehört. Einerseits lag das am Schulstress und andererseits war ich irgendwie nicht in Stimmung, sodass ich mir erst kurz vor der Abreise nach Mackay einige Christmas-Songs auf meinen Player aufgespielt habe.

Es dauert keine zehn Minuten, dann drücke ich entnervt auf die Stopptaste und richte mich auf. „Das kann doch kein Mensch ertragen!", murmle ich leise vor mich hin und nehme die Kopfhörer ab.

„Was hast du gesagt?", fragt Shannon interessiert nach, die neben mir auf der Strandmatte liegt und ein Buch liest.

„Ach, ich habe eigentlich nur mit mir selbst geredet. Aber mal ehrlich: Sonne, Strand und Weihnachtsmusik – das passt irgendwie nicht zusammen. Das kann ich mir momentan einfach nicht antun." Ich greife nach meiner eiskalten Cola-Dose und nippe daran.

Shannon schmunzelt. „Na ja, für mich ist das normal. Beschreibe mal: Was verbindest *du* mit Weihnachten?"

„Winter, Kälte, Schnee, Glühwein, Dunkelheit, Kirchenglocken, Lebkuchen und Kerzenschein", kommt es wie aus der Pistole geschossen.

Shannon legt ihr Buch zur Seite, setzt sich im Schneidersitz hin und streckt ihren Rücken durch. „Dann wird dieses Fest vermutlich eine ganz neue Erfahrung für dich werden."

Ich nicke nachdenklich und nuschle: „Oh ja, das wird mir auch gerade bewusst."

Weihnachten unter Palmen! *Worauf habe ich mich da nur eingelassen?*

Nach Shannons Erzählungen ähnelt das Weihnachtsfest in Australien eher einer Gartenparty. Auf einmal bin ich mir gar nicht mehr sicher, ob ich das so gut finde.

*

Am Abend laden uns Sally und Josh in ein gemütliches Restaurant, direkt am Hafen, zum Essen ein. Die Unterhaltung läuft prächtig, Shannons Eltern sind total locker drauf und scheinbar für jeden Spaß zu haben. Die mitreißende Aussicht auf die untergehende Sonne und auf die exklusiven Yachten vor uns tut ihr Übriges. Ach ja... da würde man am liebsten sofort auf eines der Boote hüpfen und los düsen – der Sonne entgegen.

*

*24. Dezember*

In Australien beginnen die Weihnachtsfeierlichkeiten, ähnlich wie in den USA, erst am Morgen des 25. Dezember. Es wird erzählt, dass Santa Claus über Nacht durch den Schornstein klettert und die Geschenke in die Wohnzimmer bringt. Das Christkind wiederum ist den Kindern hier fremd. Auch der 24. ist kein bedeutsamer Tag in Australien, und so verbringe ich den Vorabend des Christfestes mit Shannons Familie vor der Glotze. Wir schauen uns einen alten Schinken an.

Der Film ist ausgesprochen langweilig, und so betrachte ich, in Gedanken vertieft, den bunt beleuchteten Weihnachtsbaum, der neben dem TV-Gerät steht. Obwohl der Kunstbaum mit all seinem Lametta, den Girlanden, den gebastelten Geschenkepäckchen, den Rentieranhängern und den vielen blinkenden LED-Lichterschlauchketten etwas überladen wirkt, hat der Anblick auch etwas Magisches an sich.

Wie aus heiterem Himmel ergreift mich eine tiefe Sehnsucht und ich muss an mein Zuhause in Deutschland denken. Was wohl meine Eltern und Geschwister an diesem für mich bedeutsamen Tag machen? Vermutlich gehen sie in die Familienmesse, die um fünf startet, und nach der Kirche wird es, nach einer fröhlichen Bescherung im Kreise der Familie,

Raclette zum Abendessen geben. Das ist bei uns Tradition.

*Ob es vielleicht auch schneit?*, frage ich mich und stelle mir eine weite, wunderschöne Schneelandschaft vor. Ich seufze tonlos und wünsche mir, daheim im kalten Deutschland bei meiner Familie sein zu können, anstatt hier in der brüllenden Hitze zu hocken. Obwohl alle Fenster weit geöffnet sind und der Ventilator an der Decke ununterbrochen läuft, ist die Luft im Wohnzimmer stickig heiß. Eine Klimaanlage gibt es nur in den Schlafzimmern. Duschen ist total überflüssig, und mein Shirt klebt schon wieder am Körper. Wie soll man da, bitte schön, in Weihnachtsstimmung kommen? *Was mache ich hier bloß?*, frage ich mich urplötzlich und blicke unglücklich aus dem Fenster. Selbst der wunderschöne sternenübersäte Himmel, den ich am Vortag noch so überwältigend fand, lässt mich jetzt kalt.

Meine Gedanken driften wieder ab. Der Esszimmertisch im Haus meiner Eltern in Deutschland wird höchstwahrscheinlich mit einer eleganten weißen Stofftischdecke und großen Kerzenleuchtern festlich gedeckt sein. Ich stelle mir den besonderen Moment vor, wenn mein Vater im Wohnzimmer die Beleuchtung des Weihnachtsbaumes einschaltet, der bestimmt wie immer mit wunderschönen glitzernden Kugeln in den Farben Rot und Silber sowie mit ein paar Kerzen und einer dezenten feingliedrigen Lichterkette geschmückt ist. Zeitgleich wird meine Mutter ihre Lieblings-CD mit klassischer Weihnachtsmusik auflegen und die Bescherung einleiten.

*Was ist nur los mit mir?* Mit einem Mal werde ich richtig sentimental und eine Welle von Traurigkeit überkommt mich. Heiligabend – zumindest so, wie ich es kenne – wird es dieses Jahr für mich nicht geben. Ich glaube, ich habe Heimweh, ein Gefühl, das ich schon kaum mehr kannte. Scheinbar habe ich mich da in etwas hineingesteigert, denn urplötzlich rollt ein winziges Tränchen über meine Wange. Erschrocken wische ich mir schnell mit dem Handrücken über die Backe und hoffe, dass es keiner gesehen hat.

Schon im nächsten Moment stößt mich Shannon an. „Miriam, ist alles okay?", fragt sie überrascht nach und schaut mich mit großen Augen an. „Weinst du etwa?"

Ich schüttle heftig den Kopf und setze ein Mir-geht's-bestens-Lächeln auf. „Nein, nein, mein Auge tränt nur... wahrscheinlich die Tropenluft und der Ventilator", lüge ich, denn ich will nicht, dass ihre Eltern, die neben uns auf der Couch hocken, etwas mitbekommen. Das wäre mir megapeinlich.

„Ja, dieses Problem kenne ich", erwidert Shannon verständnisvoll. „Das habe ich auch des Öfteren."

Ich atme innerlich auf. Niemand hat etwas bemerkt, und ich bin über mich selbst verwundert, wie glaubhaft ich mich angehört habe. Aber es ändert nichts an meiner gedrückten Laune. Meine Stimmung ist in diesem Augenblick an einem Tiefpunkt. Ich habe keine Ahnung, was gerade mit mir los ist, dabei habe ich so einen tollen Tag gehabt. Am Vormittag stand Sightseeing an. Shannon hat mir die Stadt gezeigt, ihre Lieblingsplätze und wo sie früher zur Schule gegangen ist. Später am Nachmittag sind wir wieder zum Strand geschlendert und haben dort das Dolcefarniente genossen.

Ich grüble und treffe letztendlich den Entschluss, dass ich künftig nie wieder an einem Weihnachtsabend von Zuhause fort sein möchte. Das ist es nicht wert! Nichtsdestotrotz nehme ich mir vor, nun vorerst nicht mehr darüber nachzudenken, und so versuche ich, mich wieder auf den Film zu konzentrieren.

*

### 25. Dezember

Jemand rüttelt an mir. „Miriam, aufwachen!" Ich öffne meine Augen und sehe Shannon, die bereits geduscht und fix und fertig angezogen neben mir am Bett steht. „Es ist Weihnachten!", quiekt sie aufgeregt. „Um neun Uhr ist Bescherung im Wohnzimmer, danach gibt's Frühstück."

Mein Blick schweift zum Nachtischchen. Die Weckuhr zeigt kurz nach acht. „Seit wann bist du denn schon auf?", frage ich gähnend.

Shannons herrlich blaue Augen schauen mich freudig an.

„Seit halb sieben."

Verschlafen richte ich mich auf und blinzle sie an. „Bitte? Seit halb sieben?", hake ich nach und gehe davon aus, mich verhört zu haben.

„Ich wollte unbedingt noch 'ne Runde joggen gehen, bevor die große Schlemmerei losgeht." Mit einem breiten Grinsen im Gesicht setzt sie sich neben mich auf die Bettkante.

„Hut ab!", murmle ich anerkennend und erinnere mich daran, dass Shannon schon in New York fast an jedem Vormittag, während die Kids ihrer amerikanischen Gastfamilie in der Schule waren, eine Runde um den Block gelaufen ist. Das ein oder andere Mal habe ich mich ihr sogar angeschlossen. Sport könne ja immerhin nie schaden, dachte ich und war zuerst hoch motiviert und voller positiver Energie. Meine anfängliche Euphorie wurde allerdings rasch gedämpft, als ich feststellen musste, dass meine Kondition total im Keller war und ich mit Shannon kaum mithalten konnte. Es dauerte nicht lange, und meine guten Vorsätze, mehr Sport treiben zu wollen, verliefen schnell wieder im Sand.

Meine Freundin ist ohne Frage eine sportliche Person, aber dieses Gen scheint wohl – zumindest, was die weibliche Linie betrifft – in der Familie zu liegen. Denn während Shannons Vater einen kleinen Bierbauch vor sich her trägt, lässt der durchtrainierte Körperbau ihrer Mutter ebenfalls auf sportliche Aktivitäten schließen.

Als ich im nächsten Moment Shannons bauchfreies Shirt mit Weihnachtsmotiv in Kombination mit ihren khakifarbenen Shorts bemerke, kann ich mir ein Lachen nicht verkneifen. „Was trägst du denn da?", frage ich und deute mit meinem Finger auf das Elchmotiv mit roter Zipfelmütze. „Das ist ja ulkig."

„Ey, machst du dich etwa über mein bezauberndes Christmas-Top lustig?" Sie lacht ebenfalls und streicht sich durch ihr glänzendes, glattes Haar. „Ich weiß, dass es ziemlich komisch aussieht, aber das trägt man hier so."

„Echt? Aber hier laufen doch nicht alle so herum, oder?"

„Doch, alle."

Ich staune. „*Alle*?"

Sie nickt und grinst wiederum über das ganze Gesicht. „Und mit *allen* meine ich *wirklich* alle."

„Aha, und das sagst du mir erst jetzt? Ich dachte immer, man zieht an Weihnachten das Beste an, was man im Kleiderschrank hängen hat."

Shannon holt einmal tief Luft. „Also… ich hätte da auch noch eine Kleinigkeit für dich." Sie steht auf, geht zu ihrem Kleiderschrank, holt eine Tüte hervor und überreicht sie mir feierlich. „Das hier ist für dich."

„Für mich?" Ich greife in das kleine weiße Plastiktütchen und halte im nächsten Moment ein kunterbuntes Shirt mit einem Weihnachtsmann auf einem Schlitten in der Hand.

„Und?", fragt sie und sieht mich erwartungsvoll an.

Ich runzle die Stirn. „Du willst tatsächlich, dass ich *das* anziehe?"

Sie nickt kichernd. „Jaaaaaaa!"

Nun hole ich tief Luft. „Na gut – aber nur, weil *du* es bist." Wie meinte meine Oma in Deutschland bei unserem letzten Telefonat: *Man muss immer offen für Neues sein.*

„Juhuu!", quiekt Shannon und umarmt mich. „Und übrigens: Merry Christmas, Miriam!"

Ich springe auf, hüpfe unter die Dusche und bin keine fünf Minuten später fertig. Aufgrund des beinahe ständigen Wassermangels habe ich mir angewöhnt, im Turbodurchgang zu duschen. Ob ich das allerdings, wenn ich wieder zurück in Deutschland bin, beibehalten werde, bezweifle ich.

Ich schlüpfe in meine dunkelblauen Leinenshorts mit Kordelzug und streife mir das Weihnachts-Top über den Kopf. Das Shirt passt wie angegossen, aber das ausgefallene Motiv ist so lala. *Wie gut, dass mich hier niemand kennt*, denke ich. Eigentlich hatte ich mir für heute das kleine Schwarze inklusive Pumps eingepackt, aber als ich Shannons Eltern mit Flipflops, Jeans-Shorts im Used-Look und ihren Tops mit Schneemann-Aufdruck in der Küche herumflitzen sehe, wird mir klar, dass ich damit total overdressed gewesen wäre.

Ich greife nach der Bürste neben dem Waschbecken und binde meine nassen Haare zu einem Zopf zusammen. Föhnen? Total überflüssig, denn das Thermometer zeigt an diesem Morgen schon fünfunddreißig Grad Celsius an. Bevor aber die Bescherung beginnt, will ich noch schnell daheim bei meinen Eltern anrufen und ihnen frohe Weihnachten wünschen.

Ich setze mich im Schneidersitz auf Shannons Bett und wähle die Nummer. In Deutschland ist jetzt noch der 24. Dezember, kurz vor Mitternacht. Meine Eltern sind zum Glück noch wach und bedanken sich für mein Paket. Den Vegemite-Brotaufstrich haben sie beim Abendessen auf einem Stück Baguette getestet. „Schmeckt etwas eigenartig, doch man kann es essen", sagt mein Dad. „Mit Sicherheit wird er es aber nicht in die Top Ten meiner Lieblingsbrotaufstriche schaffen."

Ich muss laut lachen, denn ich verstehe durchaus, was er damit meint. Beim ersten Mal habe ich selbst das Gesicht verzogen und mich gefragt, was denn das für ein Fraß sei. Aber nachdem ich es nun ein paarmal gegessen habe, ist es gar nicht mehr so übel.

Nach dem Telefonat mit meinen Eltern fühle ich mich viel besser, sogar auf eine Art und Weise befreit. Sie kennen mich nur allzu gut und merken – vermutlich aufgrund meiner Stimmlage – immer sofort, ob's mir gerade gut oder schlecht geht.

„Es ist ein einzigartiges Erlebnis, Weihnachten unter Palmen verbringen zu können, Miriam. Davon wirst du eines Tages noch deinen Kindern erzählen", höre ich meine Mutter am anderen Ende der Leitung sagen, als sie mit tröstenden Worten versucht, mich aufzumuntern. „Denk nicht so viel an daheim, sondern genieße die kostbare Zeit in Mackay mit deiner Au-Pair-Freundin … Außerdem ist es ja nicht das letzte Weihnachtsfest, und nächstes Jahr können wir alle wieder zusammen feiern."

Es tut unheimlich gut, ihre Stimme zu hören, und hilft mir dabei, mein vorübergehendes Stimmungstief zu überwinden. Dabei war es doch genau das, warum ich ins Ausland wollte, rufe ich mir in Erinnerung – um *neue* Erfahrungen zu sammeln. Dass es nicht immer leicht sein würde, war mir von Anfang an bewusst. Das gehört dazu. Mein neues Motto wird also lauten: *Was dich nicht umbringt, macht dich nur stärker!*

Auf geht's! Die Bescherung müsste gleich beginnen. Ich raffe mich vom Bett auf, ein letzter Blick in den Spiegel – ich sehe eine lächelnde Miriam. *Schon besser!* Danach husche ich ins Wohnzimmer, wo die anderen sicherlich bereits auf mich warten.

Ooops – ich bin offensichtlich die Letzte. Als ich auf die Wanduhr über dem Fernsehapparat blicke, ist es fast halb zehn. *Habe ich tatsächlich so lange mit meiner Familie in Deutschland telefoniert?*, frage ich mich. Doch kein vorwurfsvoller Blick trifft mich, irgendwie scheint es niemanden zu stören. Da lobe ich mir die Gelassenheit der Australier. Es dürfte auch ziemlich ansteckend sein, denn ich merke, dass ich in den letzten Monaten viel entspannter bin und nicht mehr so penibel genau auf die Zeit achte – außer vielleicht in der Schule.

Als ich auf der braunen Couch Platz nehme, machen sich die ersten Schweißperlen auf meiner Stirn bemerkbar. *Diese Hitze!*

Die Bescherung beginnt. Mein selbst gebasteltes Fotoalbum mit Bildern von Shannons Auslandsaufenthalt in New York kommt bei Josh und Sally überaus gut an, und auch sie freut sich über das Kartenspiel und das neue Buch ihrer Lieblingsautorin, das ich liebevoll in silberglänzendes

Geschenkpapier eingepackt habe. Ich selbst bekomme ein hübsches, mit den typischen australischen Straßenschildern bedrucktes Badetuch, eine dunkelblaue Fleece Jacke mit dem Logo der australischen Landesflagge und einen hölzernen Bumerang geschenkt. Den finde ich total klasse, und Shannon will mir am Nachmittag zeigen, wie ich das Ding werfen muss. *Cool!* Darauf freue ich mich schon jetzt, denn dann kann ich bald einen weiteren Punkt auf meiner To-do-Liste abhaken.

Gegen Mittag wird der Grill angeworfen und Shannons Verwandtschaft kommt vorbei. Das Ganze ähnelt tatsächlich eher einem lustigen Gartenfest. Es wird gegessen und geplappert, nebenbei findet noch eine Wasserschlacht statt. Es ist ein überaus sonderbares Weihnachtsfest, das ich auf meinem Blog mit meiner Familie und meinen Freunden teilen möchte.

Während ich dann später am Abend mit meinem Laptop im Bett sitze und eifrig tippe, hockt Shannon neben mir und versucht derweil, ein Kreuzworträtsel zu lösen.

*Blogeintrag vom 25. Dezember:*

Thema: Weihnachten unter Palmen

Liebe Family und Freunde,
erst einmal frohe Weihnacht und viele Grüße aus Australien! Heute haben wir Rekordtemperaturen von bis zu vierzig Grad Celsius erreicht. Leider konnte ich mich noch immer nicht an diese Hitze gewöhnen.

Doch nun zum eigentlichen Weihnachtsfest. Ihr fragt euch bestimmt, wie man diesen Festtag in Australien begeht – dies möchte ich euch gerne mit meinem heutigen Blogeintrag beantworten.

Es begann am Morgen des 25. Dezember mit einer reichlichen Bescherung. Obwohl Shannons Familie gläubig ist, gehen sie jedoch selbst an diesem Feiertag nicht in die Kirche, was ich etwas schade fand. Auch wurde weder gesungen noch hat jemand auf einem Instrument etwas vorgespielt, wie ich es von meinem Elternhaus her kenne. Aber vermutlich machen das inzwischen selbst in Deutschland viele Familien nicht mehr so.

Im Anschluss stand ein Frühstück auf der Terrasse an. Es gab unter anderem frisch gepflückte Mangos und Kokosnüsse aus dem eigenen Garten. Beneidenswert, oder? Shannon zeigte mir, wie man eine Kokosnuss öffnet, was gar nicht so einfach ist. Ohne Werkzeug kommt man nicht weit, und selbst für ein Küchenmesser ist die Hülle zu hart.

Nachdem ich die grüne Schale der Frucht mithilfe eines Hammers abgestreift hatte, musste ich mit einem Schraubenzieher ein Loch bohren. Das war ein ganz schöner Kraftaufwand und ich kam dabei ordentlich ins Schwitzen. Aber als wir wenig später mit einem Strohhalm schlürfend die frische Kokosmilch vernaschten, waren die Anstrengungen schnell wieder vergessen. Des Weiteren gab es mit Plumpudding eine australische Spezialität: eine leckere Süßspeise in Form eines runden Kuchens, die aus Pudding, vielen getrockneten Früchten, Gewürzen und Ei gemacht ist.

Gegen zwölf kam die Verwandtschaft vorbei, unter anderem Shannons Großmutter, zwei ihrer Tanten und ein Onkel sowie ein paar Freunde von Sally und Josh. Ich konnte mir das Lachen kaum verkneifen, als ich sah, dass alle diese kitschigen Weihnachtsshirts trugen. Das scheint hier in der Gegend DER Trend an Weihnachten zu sein.

Ein kleines kaltes Buffet wurde aufgebaut, und Josh kümmerte sich um die Grillspezialitäten. Zur „Abwechslung" gab's mal wieder – Känguru (was sonst?). Dieses Fleisch scheint hier sehr beliebt zu sein, doch meine Begeisterung hielt sich in Grenzen, denn es ist nicht so meins. Zum Glück fand ich aber auch ein paar normale Hot-Dog-Würstchen, die ich mit großem Genuss verzehrte.

Es wurde fröhlich geplaudert, gelacht und gegessen. Ich bin selbst immer wieder aufs Neue überrascht, dass ich inzwischen so gar keine Scheu mehr habe, Englisch zu sprechen, und meine frühere Schüchternheit – scheinbar durch meine Auslandsaufenthalte – abgelegt habe.

Am Nachmittag zeigte mir Shannon den Umgang mit meinem neuen Bumerang. Wie es gelaufen ist? Nun ja, geflogen ist das Ding zwar, aber es kam nie von allein wieder zu mir zurück. Da muss ich wohl noch ein bisschen üben. Aber es hat trotzdem viel Spaß gemacht.

Ihr werdet kaum glauben, was der anschließende Programmpunkt dieses Tages war: eine Schlacht mit Wasserbomben! Jeder bekam einen Eimer mit gefüllten Ballons in die Hand gedrückt, und kurz darauf kam ich mir vor wie auf einem Kindergeburtstag – nur, dass keine Kids anwesend waren.

Es ging darum, so wenig wie möglich von den anderen getroffen zu werden. Der weitläufige Garten von Shannons Eltern war dafür perfekt geeignet, denn es gab viel Platz, um wegzulaufen, und man konnte sich wunderbar hinter einem der großen Palmenstämme in Schutz bringen. Ich sage euch, das war vielleicht ein Spaß! Letztendlich verlor Sally, die am Schluss pitschnass war.

Meine anfängliche Panik vor Schlangen hat sich mittlerweile etwas gelegt, auch wenn ich gestehen muss, dass ich mich am ersten Tag kaum in diesen wundervollen Garten getraut habe. Und wenn doch, sind meine ängstlichen Blicke unentwegt von einer Seite der Wiese zur anderen gehuscht. Inzwischen habe ich mir das abgewöhnt und verdränge diesen Gedanken ganz einfach.

Nun ist es kurz nach zehn Uhr am Abend. Die Gäste sind inzwischen gegangen, und ich sitze frisch geduscht neben Shannon auf ihrem Bett. Wir wollen uns gleich noch einen Film anschauen.

Der morgige Tag, der in Australien auch „Boxing Day" genannt wird, wird nicht groß gefeiert. Viele Familien fahren am 26. in den Urlaub oder gehen an den Strand. So werden auch wir unseren morgigen Tag mit großer Wahrscheinlichkeit am Beach verbringen.

Genießt die Feiertage!
Ich melde mich demnächst wieder.
Ganz liebe Grüße, Miriam

*

### 28. Dezember

Mittwoch. Es ist vier Uhr morgens. Ich sitze in einem blauweiß gestreiften, kurzärmeligen Kleidchen mit Gummizug in der Mitte und zugebundenen Haaren in der Küche von Shannons Eltern und gähne vor mich hin. In meinen Händen halte ich eine Tasse dampfenden Kaffee. Genau, was ich jetzt brauche, um wach zu werden. Im Haus ist es still, Sally und Josh schlafen noch. Kein Wunder, wer steht schon freiwillig um diese Uhrzeit auf – außer man hat, wie Shannon und ich, etwas ganz Tolles geplant. Heute steht ein

Trip zum Cape-Hillsborough-Nationalpark auf dem Programm, wo man bei Sonnenaufgang frei lebende Kängurus am Strand beobachten kann. Das klingt doch irre, oder?

Ich nippe an meinem Heißgetränk, während meine Freundin für das geplante Picknick an der Küste Proviant in einen Korb packt: frisches, klein geschnittenes Obst, zwei leckere Sandwiches, belegt mit Käse und Ei, süße Frühstückskekse und eine Flasche Orangensaft.

Eine Viertelstunde später drücke ich leise die Haustür hinter mir zu. Draußen ist es noch angenehm kühl. Obwohl, was heißt hier schon *kühl*? Ich will es einmal so ausdrücken: Im Vergleich zu den achtunddreißig Grad Celsius, die hier während des Tages herrschen, ist es am Morgen noch ganz erträglich.

Wir laufen über den grauen Schotter zum Jeep von Shannons Eltern. Sie selbst besitzt noch kein eigenes Auto, aber Sally und Josh planen heute einen Faulenzertag daheim, somit haben wir alle Zeit der Welt und müssen uns nicht beeilen.

Als wir losfahren, ist es noch dunkel. Der Mond leuchtet über uns hell am wolkenlosen Himmel. Die letzten Tage hatte es viel geregnet, doch heute soll das Wetter wieder besser werden. Shannon dreht die Musik auf. Gerade laufen die US-Charts, was unser Herz höherschlagen lässt. Nebenbei genieße ich den Ausblick aus dem geöffneten Fenster. Wir verlassen das Stadtzentrum und biegen auf einen großen Highway ab, aber je weiter wir uns von der Stadt entfernen, desto trostloser wirkt die Landschaft. Rotbraune Wüste, soweit das Auge reicht! *So habe ich mir immer das Outback vorgestellt*, überlege ich, dabei befinden wir uns hier gar nicht im Landesinneren, sondern in der Nähe der Küste.

Bald darauf sehe ich in der Ferne ein bunt bemaltes Holzschild, auf dem drei lächelnde Kängurus am Strand zu erkennen sind. Darüber steht in schwarzer Schrift: *Welcome to Cape Hillsborough Nature Park*. Obwohl es sich um einen typischen Touristenort handelt, ist an diesem Morgen nicht viel los, und so finden wir sofort einen freien Parkplatz. Der Himmel ist rötlich angehaucht, die Sonne wird bald aufgehen, und außer dem Rauschen des Meeres und dem Säuseln des Windes herrscht hier nur Stille. *Göttlich!*

Während wir Richtung Wasser laufen, schaue ich mich bereits aufgeregt um. Werden wir hier wirklich Kängurus aus nächster Nähe beobachten können? Ich bin zunächst noch skeptisch, aber als ich wenige Minuten später in einiger Entfernung einen hüpfenden Schatten ausmache, bin ich kurz vor dem Durchdrehen.

„Da ist in der Tat ein Känguru!", jaule ich, und ein breites Lächeln macht sich auf meinem Gesicht bemerkbar. Im nächsten Moment bleibe ich bewegungslos stehen „Kann das wirklich wahr sein?", fragend blicke ich Shannon an, die inzwischen selbst wie ein Honigkuchenpferd grinst.

Da ist nicht nur ein einzelnes Känguru – nein, es sind ganz viele, bestimmt um die zehn! Vor Freude könnte ich laut lachen, Luftsprünge und Purzelbäume machen. Die größten Tiere unter ihnen sind schätzungsweise einen Meter fünfzig hoch. Sie stehen zum Teil einfach nur da im Sand und bewegen sich kaum. Zwei der Kleinen hüpfen hingegen wild umher und eines der Beuteltiere trinkt Wasser.

„Wow", hauche ich und schnappe mir meine Kamera. „Das muss ich auf einem Foto festhalten, sonst glaubt mir das zu Hause kein Mensch." Die Tiere scheint mein Geknipse keineswegs zu stören. Sie schenken uns kaum Beachtung, als wären wir gar nicht da, und so gelingen mir ein paar super Schnappschüsse aus nächster Nähe. Ich bin hin und weg!

Nachdem die Sonne am Horizont aufgegangen ist, verschwindet die Bande nach und nach in den umliegenden Wäldern, und das Spektakel ist vorbei. Ich fühle mich noch immer total aufgedreht, als wir zurück zum Parkplatz marschieren, um den Picknickkorb mit unserem Frühstück aus dem Wagen zu holen. Keine zehn Minuten später sitzen wir gemütlich auf einer roten Fleece-Decke am Meeresufer.

*So lässt es sich leben!*, denke ich frohgemut und beiße genüsslich in mein Käsesandwich, während Shannon von den jüngsten Geschehnissen aus ihrem Leben erzählt. Wir quatschen und kichern und merken gar nicht, wie die Zeit vergeht. Erst Stunden später, als es uns in der prallen Sonne zu heiß wird, brechen wir auf.

*

Am Mittwochnachmittag will mir Shannon etwas für ihr Heimatstädtchen *Typisches* zeigen. Zu gerne würde ich wissen, was es ist, doch sie will es mir partout nicht verraten. Einen Tipp gibt sie mir zwar – „Es ähnelt einem

Strohhalm." –, doch damit kann ich nichts anfangen. Ich war noch nie gut beim Rätsellösen, und wer, um Himmels willen, soll mit solch einem Hinweis etwas anfangen können?

Als wir das Haus zu Fuß verlassen, nimmt meine Freundin ein kleines, spitzes Küchenmesser mit und packt es in ihre dunkelblaue Handtasche, die um ihren Körper baumelt.

Ich ziehe die Stirn kraus. „Sag mal, hast du etwa vor, jemanden umzubringen?", scherze ich und deute auf ihre schmale Tasche.

„Lass dich überraschen", antwortet sie kurz.

Ich stöhne. „Du willst mir also noch immer nicht sagen, was wir vorhaben?" Als ich keine Antwort erhalte, verdrehe ich die Augen, setze meine neue Piloten-Sonnenbrille auf, die ich mir vor ein paar Tagen an der Strandpromenade gekauft habe, und folge brav meiner Freundin. Ganz geheuer ist mir ihr Verhalten allerdings nicht.

Kurz darauf verlassen wir den betonierten Fußgängerweg und überqueren eine große ausgetrocknete Wiese. In der Ferne ist ein Feld zu erkennen. *Verdammt, was wollen wir hier, in der Einöde?*

„Wir sind da!", meint Shannon schließlich und deutet bedeutungsvoll auf die Feldlandschaft vor uns.

Ich verziehe das Gesicht. „Hahaha, guter Gag!", pruste ich los, denn ich gehe davon aus, dass sie nur Spaß macht und wir gleich weitergehen werden. Shannons Kopfschütteln sagt mir jedoch, dass sie es wirklich ernst gemeint hat. „Hä?", ächze ich und schaue sie fragend an, denn ich stehe mal wieder voll auf dem Schlauch.

„Erinnerst du dich noch an meinen Tipp?", fragt Shannon.

Ich stemme meine Arme in die Hüfte. „Klaro! *Es ähnelt einem Strohhalm*, hast du gesagt."

„Schau her: Sieht das hier nicht wie Trinkstrohhalme aus?"

Kritisch beäuge ich die Pflanzen vor mir. Hm ... es sieht tatsächlich danach aus. Die Dinger sind echt riesig, haben die Form von Halmen mit einem Durchmesser von ungefähr drei Zentimetern und eine Höhe von mehr als drei Metern. Nur, was ist das für ein Gewächs und warum sind wir hier?

Dann erinnere ich mich daran, dass Shannon mir etwas zeigen wollte, was für diese Gegend typisch ist, und im nächsten Moment macht es bei mir *Klick* und alle Puzzleteilchen fallen an ihren Platz. *Ja, klar, das muss*

*Zuckerrohr sein!* Ich hatte im Reiseführer darüber gelesen: In Mackay wird mehr als ein Drittel des australischen Zuckers produziert. Wie konnte ich das vergessen!?

Neugierig beobachte ich, wie Shannon einen der Halme abbricht, das Messer aus ihrer Tasche hervorholt und den Stängel anschneidet. Sie lächelt mich an. „Willst du mal probieren? Der *Cane Sugar* ist superköstlich." Dann zeigt sie mir, wie ich daran saugen muss, um etwas von dem süßlichen Saft der Pflanze kosten zu können.

*Das ist also Zuckerrohr ... wieder etwas Neues gelernt*, denke ich, während ich versuche, Saft aus dem Halm zu saugen. *Yummy!! Schmeckt der gut!*

Ein greller Blitz blendet mich. Gewittert es etwa schon wieder? Ich schaue kurz zum Himmel empor, doch es ist nur meine Freundin, die ein paar Schnappschüsse von mir macht und nebenbei zu erzählen beginnt, welches die nächsten Schritte der Verarbeitung des Zuckerrohrs in der Fabrik sind. Aufmerksam höre ich ihr zu und bin insgeheim unendlich dankbar, all diese Erfahrungen machen zu dürfen. Womöglich hätte ich ansonsten niemals gewusst, wie Zuckerrohr in natura überhaupt aussieht.

*

### 31. Dezember

Die Tage vergehen wie im Fluge. Wo ist bloß die Zeit hin? Heute ist bereits der 31. Dezember – Silvester. Pila, eine von Shannons australischen Freundinnen, hat uns zu sich eingeladen. Ihre Eltern besitzen ein kleines Strandhäuschen, dort soll heute eine Party steigen. Das hört sich klasse an.

Ich stehe vor meinem geöffneten Koffer und frage mich, was ich heute Abend anziehen soll – vielleicht mein weißes Cocktailkleid aus Spitze mit dem luftigen Baumwollfutter. Ach nee, das wird immer so schnell dreckig. Ich beginne meinen Koffer zu durchwühlen und halte im nächsten Augenblick meinen schwarzen Minirock in den Händen. Oh ja, das ist es, kombiniert mit meinem beerenroten Bandeautop sieht das bestimmt klasse aus. Insgeheim hoffe ich, mit meinem knappen Outfit einen Jungen auf der Fete beeindrucken zu können. Ich bin in Flirtlaune.

Und Marc? Im Ernst, ich muss nach vorn schauen, auch wenn es mir nicht immer leichtfällt. Ich habe genug Tränen seinetwegen vergossen. So, und jetzt noch schnell meine Haare glätten, etwas Make-up ins Gesicht und meine Übernachtungstasche packen, denn wir werden bei Pila pennen, falls es überhaupt dazu kommt, dass wir schlafen. Mal schauen. Ich bin gespannt, wie der Freundeskreis von Shannon so tickt. Ob sie wohl Partymenschen sind oder eher Langweiler?

*

Ein junges, korpulentes Mädchen mit einem frechen Pixie Cut heißt uns herzlich willkommen.

Ich reiche ihr meine Hand. „Hallo, ich bin Miriam."

„Hey! Du bist doch die, die mit Shannon als Au-pair in New York gelebt hat."

Ich nicke und muss schmunzeln. „Ja, *die* bin ich."

Wir sind an dem Abend die ersten Gäste. Sie führt uns durch das Wochenendstrandhäuschen ihrer Eltern, das nicht besonders groß ist. Es gibt zwei winzige Schlafzimmer, in dem einem schläft Pila und das andere teilen wir uns – Shannon und ich, somit können wir beide etwas trinken. Nebenbei gibt es noch eine kleine Küche sowie einen Wohnraum mit einer Couch plus TV.

Als wir kurz darauf auf der Terrasse ankommen, deutet Pila auf die Sitzgruppe im modernen Design aus Metall. „Setzt euch! Die anderen müssten auch gleich da sein."

Der Garten erscheint mir ein wenig verwildert zu sein und das Gras könnte auch mal wieder gemäht werden, aber die Aussicht auf das offene Meer ist absolut traumhaft. Ich schließe die Augen und lausche dem gleichmäßigen Rauschen des Meeres.

„Mädels, was wollt ihr trinken: Cola, Bier oder Wodka?", höre ich Pila fragen und öffne meine Augen wieder.

„Ich nehme ein Bier und würde es gerne mit etwas Cola mischen?"

Pila zieht die Stirn kraus. „Mit Cooola?", wiederholt sie langgezogen und schaut mich dabei entsetzt an.

„Äh ... ja!!!"

Sie schüttelt den Kopf. „Bier und Cola – das passt doch nicht zusammen!", behauptet sie kichernd. Im nächsten Moment beginnt auch Shannon herzhaft loszulachen.

Ich verziehe das Gesicht. „Darf ich vielleicht mitlachen?", und wundere mich, was daran so komisch oder gar witzig sein soll.

„Die crazy German people!", ächzt Shannon. „Aber ich erinnere mich daran, dass du das schon immer in New York gemacht hast, Miriam. Das kam mir schon damals sonderbar vor."

„Sonderbar?"

Pila nickt heftig. „Hihihi. Wer um Himmels Willen macht so etwas, Bier mit Cola mischen?"

Ich reibe mir das Kinn. „Oh! Ähm, also ihr trinkt das in Australien überhaupt nicht in der Art und Weise? Soll das heißen, dass ihr kein Colabier kennt, weder Licher $X^2$ Cola, noch MiXery?"

Shannon legt den Kopf schräg. „Nee!"

Ich rolle mit den Augen. „Mensch, das gibt's doch nicht, dass euch das nichts sagt. Im Ernst? In Deutschland ist es das Trendgetränk schlechthin. Das gibt es dort sogar schon fertig gemixt in Flaschen und Dosen zu kaufen", bemerke ich baff.

Pila schaut mich noch immer unglaubwürdig mit großen Augen an.

„Das schmeckt echt lecker", füge ich rasch hinzu.

„Na gut, jetzt hast du mich aber wirklich neugierig gemacht. Da werd' ich gleich auch mal ein Glas mitprobieren." Sie geht in die Küche und kommt mit einem Sixpack Bier und einer gekühlten Zwei-Liter-Flasche Coke zurück.

Fünf Minuten später stoßen wir zu dritt mit einem Glas Colabier an. „Und, wie lautet dein Urteil?", will ich von Pila wissen und nehme einen weiteren Schluck meines erfrischenden Mix-Getränks.

Sie zögert zunächst. „Hm ... Jo, schmeckt doch gar nicht so übel!", gesteht sie dann.

„Siehst du, die Deutschen wissen, was gut ist", scherze ich und lehne mich gemütlich zurück.

Es klingelt. Pila hüpft von ihrem Stuhl auf und öffnet rasch die Tür. Drei zuckersüße durchtrainierte Jungs – *Sunny Surferboys* – treten ein. Cooper, James und Liam gesellen sich zu uns und lassen mein Herz schneller schlagen.

James lässt sich neben mir auf den Sitzplatz plumpsen. Er ist braun gebrannt und hat blaue Augen und kurze, blonde Haare. Im nächsten Moment schnappt er sich eine Dose des Sixpacks vom Tisch. Ein leises Zischen ertönt, dann nimmt er einen großen Schluck, stellt die Bierdose vor sich ab und schaut mich lächelnd an. „Du bist also aus Deutschland?"

„Genau", entgegne ich und wir beginnen uns auszutauschen.

Als er kurz darauf mein Glas entdeckt, weiten sich seine Augen. „Was trinkst du denn da für ein dunkles Bier?", fragt er erstaunt und deutet mit seinem Zeigefinger auf mein Tumblerglas.

„Colabier", antworte ich grinsend und darf meine Geschichte an diesem Abend noch einmal von vorne erzählen.

„Hm", brumme ich nachdenklich. Das scheint hier ohne Frage eine Marktlücke zu sein. Denn nach der anfänglichen Skepsis scheinen auch James und die anderen Jungs auf den Geschmack gekommen zu sein und sind vom Mix begeistert.

Kurz darauf trudeln die letzten Gäste ein: vier Mädels und ein junger Mann, vermutlich um die zwanzig. Eng zusammengerückt sitzen wir um den Tisch herum. Cooper wirft den Grill an, Pila stellt eine große Platte mit Fingerfood auf den Tisch und weiter geht unsere fröhliche Unterhaltung auf der Terrasse des abgelegenen Strandhauses, wo wir den Ausklang des Jahres feiern wollen.

Als Vorspeise gibt es Mini Meat Pies, ein in Australien äußerst beliebtes Fast-Food-Nationalgericht, das aus einer Teighülle mit einer Füllung aus Rindfleisch und einer aus Bratensaft hergestellten englischen Soße besteht. Diese kleinen Leckerbissen kann man hier in Australien überall kaufen und sie werden auch in vielen Restaurants serviert. *Nur schade, dass es so etwas Köstliches nicht auch in Deutschland gibt*, denke ich und beiße genussvoll in mein Minitörtchen.

Im Anschluss an das Barbecue mit riesigen Steaks und Hot-Dog-Würstchen spielen wir Karten – mit einer ganz besonderen Regel: Wer verliert, muss ein Gläschen Wodka trinken! Während es mich zum Glück nicht allzu oft trifft, hat Pila an diesem Abend keine glückliche Hand. Allerdings scheinen australische Girls so einiges zu vertragen, denn auch nach etlichen Shots, nach deren Genuss ich selbst bereits längst irgendwo betrunken in einer Ecke liegen würde, wirkt Shannons Freundin noch einigermaßen fest auf den Beinen. *Nicht schlecht!*

Die Zeit vergeht wie im Flug, und mit einem Mal ist es plötzlich Viertel vor zwölf. Als ich kurz die Toilette im Strandhaus aufsuche, höre ich draußen Pila rufen: „Vergesst eure Gläser nicht!" Ich beeile mich, doch zurück im Freien finde ich nur noch eine verlassene Terrasse vor. Die anderen laufen bereits zu der versteckten Bucht hinunter. „Jetzt aber schnell!", sage ich zu mir, greife nach meinem Glas und schaue mich hektisch um. Wo habe ich vorhin bloß meine schwarzen Ballerinas ausgezogen? *Ach egal, es muss auch ohne gehen*, denke ich zuversichtlich und renne barfuß los.

Bereits nach wenigen Schritten bereue ich meine Entscheidung, nicht doch noch genauer nach meinen Schuhen gesucht zu haben. Der Weg vom Strandhaus hinunter zur Bucht führt durch einen verwilderten Garten und ist nicht beleuchtet. Es ist dermaßen finster, dass ich beinahe blind durch die Gegend tapse. Das hohe Gras und die vertrockneten Palmenblätter auf dem Boden sind mit Sicherheit ein beliebtes Versteck für giftige Spinnen und Schlangen, und meine Angst, versehentlich auf eines dieser Tiere zu treten, wächst mit jedem Schritt.

Wie war das doch gleich? Nach einem Schlangenbiss sollte nach Möglichkeit jegliche Bewegung vermieden werden, und ein schneller Transport ins Krankenhaus kann über Leben und Tod entscheiden, droht doch ein Atem- und Herzstillstand. *Wie konnte ich bloß so leichtsinnig sein?!* Ich ärgere mich über mich selbst, und obwohl ich so gut wie überhaupt nichts sehen kann, huscht mein Blick unentwegt von einer Seite zur anderen und wieder zurück.

Ein unüberhörbares Rascheln neben mir im Gebüsch jagt mir einen Angstschauer über den Rücken, mein Herz sackt in die Hose. *Oh, mein Gott! Was ist das?* Vor Schrecken erstarrt, stehe ich mutterseelenallein im Dunkeln und wage kaum zu atmen. *Bitte, bitte ... alles – nur keine Schlange!*, bete ich und fühle mich in dem fremden Land ausgeliefert. Warum haben die anderen denn nicht auf mich gewartet? Dann renne ich los, ohne nachzudenken. *Bloß weg hier!*

Mein Herz rast. Ich laufe, so schnell ich kann, und erst, als ich den warmen Sand unter meinen Sohlen spüre, wird mir bewusst, dass meine Reaktion genau das Falsche war. Wäre es eine Schlange gewesen, hätte ich mit meinem Verhalten wahrscheinlich ihren Verteidigungsreflex ausgelöst und wäre mit größter Wahrscheinlichkeit gebissen geworden. *Puh, Mann!*, denke ich und atme erst einmal erleichtert auf.

Im nächsten Moment packt mich jemand am Arm. „Miriam! Nun komm doch endlich!", treibt mich Shannon an. „Wo warst du denn so lange? Es ist gleich Mitternacht!" Sie führt mich zu den anderen, die gerade eine Flasche Sekt köpfen. Ein Knall ertönt, es schäumt, schnell wird das Prickelwasser auf unsere Gläser verteilt. Wir sind in dieser Nacht die Einzigen, die an diesem Strandabschnitt feiern. Der Mondschein spiegelt sich im Wasser wider, und erst jetzt nehme ich bewusst die vielen Fackeln wahr, die um uns herum im Sand stecken und die Szenerie erleuchten. Es sieht gigantisch aus!

„Ten ... nine ... eight ... seven ... six ... five ... four ...", zählen wir laut mit James mit, dessen Augen auf den Sekundenzeiger seiner Uhr gerichtet sind und der beim Zählen den Takt angibt. Außer unseren Stimmen ist nur das leise Rauschen der Meeresbrandung zu hören. „THREE ... TWO ... ONE ... HAPPY NEW YEAR!", brüllen wir, so laut wir können, und stoßen mit Sekt und Wunderkerzen in der Hand auf das neue Jahr an. Ich richte meinen Blick nach oben und sehe einen traumhaft schönen, sternenübersäten Himmel. Ein Feuerwerk gibt es zwar nicht, denn in Australien sind, ähnlich wie in den USA, private Feuerwerke verboten, aber das finde ich nicht allzu tragisch.

Jemand dreht den Ghettoblaster auf, und aus den Lautsprechern ertönt House Music. Während die übrigen Jungs beginnen, wie wild herumzuhüpfen, kommt James direkt auf mich zu und fordert mich zum Tanzen auf. Natürlich kann ich nicht widerstehen. Rasch kippe ich den letzten Schluck Sekt in meine Kehle, stelle mein Glas im Sand ab und lasse mich von ihm über die imaginäre Tanzfläche wirbeln. Der feine Sand unter meinen nackten Füßen fühlt sich fantastisch an und die laue Brise an der Küste streift wohltuend über meine Haut. Disco unter freiem Himmel – das gibt's wohl nur hier! Ich fühle mich verzaubert. *Welch ein wunderbarer Neujahrsanfang!*

Stunden später, es ist inzwischen fünf Uhr morgens, die ersten Gäste sind bereits gegangen, sind wir nur noch zu viert: Shannon, Pila, James und ich. Wir sitzen am Tisch und unterhalten uns prächtig. Die Stimmung ist harmonisch. Selbst als die Sonne aufgeht, ist die Party noch lange nicht vorbei. Wir versammeln uns in der kleinen Küche des Strandhäuschens und bereiten ein typisch australisches Frühstück mit Speck, Würstchen, Eierspeise und Toast zu. Es riecht köstlich!

Während Shannon und Pila noch einen leckeren Smoothie in der Küche mixen, decken James und ich zusammen den Tisch ein. Er ist wirklich ein netter Typ und auch ich scheine seine Aufmerksamkeit geweckt zu haben. Momentan versucht er mich davon zu überzeugen, dass ich mein Bett doch mit ihm teilen solle, dabei nähert er sich mir langsam von hinten und streichelt mir sanft durch mein Haar.

Ich beiße mir auf die Lippe und drehe mich mit den Gabeln in der Hand zu ihm um. „James, ich dachte, du wolltest dir gleich ein Taxi rufen?"

Er nickt. „Ja, wollte ich, aber jetzt will ich DICH!", flüstert er. Seine Augen flirten.

„A-aber Shannon …", beginne ich.

Er unterbricht mich und legt seinen Finger auf meine Lippen. „Shannon kann auf der Couch schlafen."

Ich schüttle den Kopf. „Das kommt gar nicht in Frage. Shannon schläft in ihrem Bett. Lass mal gut sein!". Dankend lehne ich sein unverbindliches Angebot, eine heiße Nacht mit ihm zu verbringen, ab. Das ist mir dann doch zu viel des Guten.

„Schade", entgegnet er seufzend, scheint es mir aber nicht übel zu nehmen. „Hätte mich sowieso gewundert, wenn du zugestimmt hättest", meint er und zwinkert mir zu. „Aber meine Nummer darf ich dir schon geben, oder?"

Ich nicke und lege die weißen Plastikgabeln neben die Teller. Doch mir ist bereits zu dem Zeitpunkt bewusst, dass es bei einer flüchtigen Bekanntschaft bleiben wird, denn in wenigen Tagen werde ich zurück nach Brisbane fliegen und nach weiteren vier Monaten endet bereits mein Abenteuer Australien. Ein Wiedersehen ist daher sehr unwahrscheinlich.

Nach einem gigantischen Frühstück fallen Shannon und ich gegen neun Uhr morgens entkräftet ins Bett. Pila verschwindet ebenso auf ihr Zimmer und James wurde vor einer Viertelstunde von einem Taxi abgeholt. Er verabschiedete sich gentlemanlike mit einem Küsschen auf der Wange bei mir. Ja, es war in der Tat eine *unvergessliche* Silvester-Party hier in Down Under. *Gerne wieder!* Doch jetzt brauche ich dringend Schlaf.

## FÜNFTER TEIL:
## JANUAR – NEUES JAHR,
## NEUES GLÜCK, NEUE ABENTEUER

*2. Januar*

Einige Tage später, als wir gerade mit Shannons Mutter auf dem Weg ins Kino sind, erzählt mir Sally, dass an diesem Strandabschnitt, wo wir Silvester gefeiert hätten, vor Kurzem ein Süßwasserkrokodil gesichtet worden sei.

Ich japse nach Luft. „Ein Krokodil ... am Strand? Kannst du das gerade noch mal wiederholen?", antworte ich geschockt.

Sie nickt. „Die Krokodile sind von Oktober bis März in der Paarungsphase. Da kann es schon mal vorkommen, dass sich das eine oder andere Tier verirrt", entgegnet sie lässig.

Ich beuge mich vor. „Was? Also die Vorstellung, einem riesigen Krokodil am Strand unerwartet zu begegnen, ruft in mir Todesängste hervor."

Sally grinst. „Das ist halt Australien!"

Ich seufze. „Wie gut, dass ich das erst jetzt erfahre, ansonsten hätte ich nicht so vergnügt und sorgenfrei an Silvester am Meeresufer feiern können." Oh Mann! Hier in Australien muss man eindeutig stets wachsam sein. Gefahren scheint es überall zu geben, ob an Land oder im Wasser, man ist nirgendswo sicher.

\*

*4. Januar*

Meine Zeit bei meiner Freundin in Mackay endet mit dem heutigen Tag. Ich bin keineswegs froh darüber. Schweren Herzens verabschiede ich mich an diesem Vormittag von Sally und Josh.

Die Autotüren knallen zu. Shannon fährt mich zum Flughafen. Mir ist zum Heulen zumute. Werde ich sie vor meiner Abreise im April nochmals wiedersehen? Ferien werde ich keine mehr haben. Ist das ein Goodbye für immer? Ich muss schlucken.

Als wir eine Stunde später an der Sicherheitskontrolle stehen, spüre ich einen Kloß im Hals. Es war eine solch schöne Zeit, dass es mir verdammt schwerfällt zu gehen. So lange hatte ich mich auf dieses Wiedersehen mit meiner australischen Freundin Shannon gefreut, nun soll es vorbei sein. „NEIN!!!", will ich schreien, aber es kommt kein Ton raus.

Heulend liegen wir uns in den Armen. Es schmerzt. Ich hasse diese Momente, sie sind ein Graus. Der Sicherheitsbeamte an der Kontrolle, der höchstens zwei Meter von uns entfernt steht, muss uns für zwei Bekloppte halten. Wir weinen, als würde morgen die Welt untergehen – total peinlich!

*

Das kleine Flugzeug beschleunigt und hebt ab. Seufzend lehne ich meinen Kopf an das Flugzeugfenster. Meine Laune ist mal wieder am Tiefpunkt angekommen und ich kämpfe zum wiederholten Male gegen die Tränen an.

„Hier ist ihr Snack", reißt mich die freundliche Stimme der hübschen Flugbegleiterin mit den knallroten Lippen aus meinen Gedanken. Sie reicht mir ein Pizza-Baguette in einem winzigen Pappkarton.

„Was darf es für Sie zu trinken sein?"

Ich bestelle mir einen Orangensaft. „Danke!"

*Flugbegleiterin müsste man sein, da kommt man viel herum*, denke ich. Ein Seufzer entfährt mir. Langsam muss ich mir sowieso mal Gedanken über meine Zukunft machen. *Vielleicht sollte ich mich mal als Flugbegleiterin bewerben*, grübele ich, *... das könnte mir gefallen*, und ich nehme mir vor, mich in den kommenden Tagen damit auseinanderzusetzen.

Wir sind soeben in Brisbane gelandet, pünktlich um Viertel nach drei am Nachmittag. Nun ab ins Taxi und nach Hause. *Ob Valentina da sein wird?*, frage ich mich und hoffe, sie insgeheim anzutreffen. Sie ist hier meine engste Vertraute, ohne sie wäre ich aufgeschmissen. Eine Dreiviertelstunde später kommt das Taxi zum Stehen. Ich bezahle den Fahrer, nehme meinen Koffer entgegen und eile zum Hauseingang. Ich fühle mich erschöpft und niedergeschlagen von der Reise.

Ich schließe die Tür auf, trete ein und stelle mein Gepäck neben dem Eingang ab. Im nächsten Moment ertönt lautes Gekreische. *Huch!?* Ich zucke zusammen und sehe Valentina, die aus unserem Schlafzimmer auf mich zustürmt. Sie rennt mich vor Freude beinahe um. „Ich habe dich ja so vermisst, Miriam", begrüßt sie mich jaulend. „Du kannst dir nicht vorstellen, wie langweilig es ohne dich war", meint sie, packt mich am Arm und zieht mich zur Ledercouch, die in der Mitte des Raumes steht.

Ich setze mich und sie beginnt von den Geschehnissen der letzten zwei Wochen zu berichten. „Ich habe einen super niedlichen Australier kennengelernt und bräuchte dringend eine zweite Meinung einer guten Freundin", höre ich sie sagen. Sie holt ihr Smartphone hervor und zeigt mir ein Foto von ihm. Ein junger durchtrainierter Mann mit braunen verwuschelten Haaren, Ende zwanzig ist zu sehen.

„Ja, der wirkt sympathisch", entgegne ich lächelnd.

Ihre Mundwinkel bilden ein Strahlen. „Ja? Er ist auch total zuvorkommend und behandelt mich wie eine Prinzessin", schwärmt sie, macht eine kurze Pause und beginnt weiter von ihm zu erzählen. Aufmerksam höre ich ihr zu und bin so dankbar, sie hier zu haben. Ihre gute Laune scheint ansteckend zu sein und dank Valentina erlebe ich trotz des traurigen Abschieds am Mittag einen schönen Abend, den wir mit Pizza und einem guten Film ausklingen lassen.

*

*14. Januar*

In der ersten Schulwoche nach den Ferien lernte ich Chai im Computerkurs kennen, ein neuer Schulkamerad. Ein kleiner zierlicher Kerl mit mittellangen Haaren, die mit Gel hinters Ohr gestrichen sind. Er ist neunzehn Jahre alt, kommt ebenfalls, wie Valentina, aus Seoul, ist seit Dezember in Brisbane und studiert Business am Marton College. Er wirkt zwar etwas schüchtern, aber ansonsten scheint er ein Supernetter zu sein.

An diesem Wochenende treffen wir uns erstmals zu dritt. Chai, Valentina und ich. Wir wollen etwas typisch Koreanisches zusammen kochen. Das Gericht heißt *Chuncheon Dakgalbi*. Es besteht aus mariniertem

Hähnchenfleisch, gebraten mit Chinakohl und Reisnudeln.

Am späten Samstagnachmittag legen wir einen Stopp in einem asiatischen Supermarkt in Brisbanes Chinatown ein, wo es Gewürze und Zutaten gibt, die ich zuvor noch nie gesehen habe. Zielstrebig laufen Valentina und Chai die Flure ab. Ich tapse neugierig hinterher und beobachte, wie sich unser Einkaufswagen langsam füllt. Wie gut, dass ich zwei erfahrene Einkaufsberater an meiner Seite habe. Ohne sie hätte ich all die Zutaten womöglich *nie* im Leben gefunden, denn teils sind die Lebensmittel nur mit asiatischen Schriftzeichen betitelt oder sie sind mir völlig unbekannt.

Eine Stunde später stehen wir zusammen in der Küche unseres Apartments. Es wird gekocht. Unsere Mitbewohnerinnen Anne und Anda sind derzeit mal wieder auf Reisen in Sydney. Da würde ich auch zu gerne mal hin, aber ich muss momentan leider penibel auf meine Ausgaben achten, da werde ich mir solch eine Reise vermutlich nicht mehr leisten können. Der Trip nach Mackay war teuer genug.

Ich schaue Valentina und Chai bei den Vorbereitungen zu und fühle mich anfangs ein wenig hilflos, da ich nicht weiß, was ich machen kann. *Wie wird Chinakohl zubereitet? Wie lange müssen Reisnudeln überhaupt kochen und wofür sind all die seltsamen Gewürze gedacht?* Fragen über Fragen ... aber die beiden sind verständnisvoll und erklären mir alles Schritt für Schritt. Die Stimmung könnte nicht besser sein. Es wird viel gelacht und herumgealbert. Wir scheinen ein super Trio zu sein.

„Essen ist fertig", jauchzt Valentina fröhlich und bringt die große Pfanne, in der alle Zutaten miteinander vermischt wurden, auf den Balkon. Chai und ich nehmen am Tisch Platz, während Valentina das Essen verteilt.

„Hm, riecht lecker", entgegne ich und nehme einen großen Bissen. Doch Sekunden später bleibt mir die Luft weg und meine Augen beginnen höllisch zu tränen. Luftnot! Panik! *Hilfe, was ist jetzt los?*

„Miriam, ist alles okay? Dein Kopf ist ganz knallrot", bemerkt Chai besorgt und springt vom Stuhl auf. „Hast du dich verschluckt?", und bevor ich antworten kann, schlägt er mir mehrmals auf den Rücken.

Ich schüttele den Kopf. „Nein, das ist es nicht." Ich keuche nach Luft. „Es ist zu scharf!", stöhne ich laut und wedele hektisch mit der Hand vor meinem Gesicht herum. Mein ganzer Mund brennt.

In einem Affentempo flitze ich zum Kühlschrank und schenke mir ein

Glas Milch ein, dass ich auf ex austrinke. *Puh ... schon besser!*, denke ich erleichtert und kehre mit der Milchflasche in der einen Hand und meinem Glas in der anderen zum Tisch zurück.

„Boah, sagt mal, wie könnt ihr das nur essen?", frage ich, als ich mich auf meinen Stuhl sinken lasse.

„Nun ja, wir essen das immer so scharf!", weist mich Valentina sanftmütig drauf hin, während ich mein Milchglas nochmals nachfülle. Meine Zunge füllt sich noch immer taub an.

Unglaubwürdig schüttele ich den Kopf. „Sorry, das hat für mich leider nichts mehr mit Genuss zu tun."

Mitleidig schaut mich Valentina an. „Das tut uns leid, Miriam", höre ich sie sagen. „Ich hatte vergessen, dass Europäer diese Schärfe womöglich nicht vertragen."

„Ist schon in Ordnung, aber *das* bekomme ich leider nicht runter, dabei habt ihr euch so viel Mühe gegeben."

„Schon okay!", meint Chai. „Das nächste Mal können wir ja etwas aus der deutschen Küche kochen. Was hältst du davon?", fügt er hinzu

Ich nicke. „Das hört sich super an." Ich mache mir stattdessen ein Käsebrot zum Abendessen und der Vorfall ist schnell wieder vergessen.

Nach Chais anfänglicher Scheu taut er nun langsam auf und scheint ein echter Witzbold zu sein. Er bringt uns beide stets zum Lachen. Zu meiner Überraschung gesteht er uns sogar, dass er schwul sei. Das hätte ich jetzt von ihm gar nicht erwartet, zumal es auch keine eindeutigen Anzeichen dafür gab. *Vermutlich kann er deshalb so einfühlsam mit Frauen umgehen*, überlege ich mir.

Nach dem gemeinsamen Abwasch – eine Spülmaschine gibt es nicht – verabschiedet sich Valentina. Sie ist heute Abend mit ihrem neuen Lover verabredet. Es scheint mir, als hätte sie sich Hals über Kopf in diesen jungen Gentleman verliebt. Da kommt sofort mein Beschützerinstinkt zum Vorschein. Valentina ist mir wichtig und ich möchte nicht, dass sie dasselbe durchmachen muss, wie ich damals mit Marc in New York. Ich spreche immerhin aus Erfahrungen. Ob sie auf mich hört? Sie nimmt sich zwar meine Ratschläge zu Herzen, aber wem muss ich sagen, dass Liebe bekanntlich blind macht.

Ich drehe mich zu Chai. „Was hast *du* heute Abend noch geplant?"

Er räuspert sich. „Um ehrlich zu sein, bin ich mit einem Schulkamerad im Fitnessstudio verabredet, aber ich könnte ihm auch noch absagen."
„Ach, Quatsch!" Ich schüttle sanft den Kopf.
„Sicher?", hakt er nach, „Du könntest auch mitkommen."
„Ist schon gut. Ich habe sowieso noch das eine oder andere zu erledigen, was meine Zukunftsplanung betrifft, unter anderem Bewerbungen schreiben."
Er nickt anerkennend. „Na gut, dann kann ich dich ohne schlechtes Gewissen allein lassen?", hakt er nochmals nach. Chai ist ohne Frage eine einfühlsame Person, das weiß ich an ihm zu schätzen.
„Ja", antworte ich mit einem Lächeln. „Die Arbeit ruft!", seufze ich und verabschiede mich mit einer Umarmung. „Bis morgen!" Da steht nämlich ein gemeinsamer Strandbesuch an der Gold Coast an.

Ich hole meinen schwarzen Laptop hervor und setze mich damit an meinen Schreibtisch im Schlafzimmer. Der Job als Flugbegleiterin lässt mich nicht mehr los und ich möchte mehr darüber erfahren, besonders, worin die genauen Voraussetzungen für diesen Job bestehen. In einem Portal für angehende Stewardessen informiere ich mich darüber:

*Sprachkenntnisse:*
*Fließend Deutsch und Englisch.*

*Alter:*
*18 Jahre, (manchmal auch 21 Jahre).*

*Ausbildung:*
*Mindestens Mittlere Reife und bei vielen Airlines wird auch eine abgeschlossene Berufsausbildung oder Studium verlangt (... da die Ausbildung zum Flugbegleiter nicht staatlich anerkannt ist).*

*Mindestgröße:*
*Zwischen 1.60 und 1.65 Meter.*

*Gewicht:*
*Im Bereich BMI Normalgewicht.*

*Sehschärfe:*
*Nicht höher als +/- 5.*

**Weitere Besonderheiten:**
*Schwimmkenntnisse erforderlich.*
*Ein einwandfreies Führungszeugnis wird benötigt.*
*Tattoos sind oftmals verboten.*

Bei Langstreckenflügen, zum Beispiel nach Asien, Amerika oder Afrika, hätte man manchmal bis zu zwei oder drei Tage frei, lese ich. Davon kann man ja nur träumen. Absolut genial. Schnell ist mir klar, dass ich genau *das* machen möchte. Ich würde es als meinen *neuen* Traumjob einstufen. Kostenlos um die Welt jetten, was gibt es, bitte, Besseres?

Doch als ich wenig später nach offenen Stellenangeboten als Flugbegleiterin, unter anderem bei den renommierten großen deutschen Airlines schaue, platzt mein Traum mit einem Mal wie eine Seifenblase. Ich beginne laut zu stöhnen. „Ihr wollt mich auf den Arm nehmen." Da steht tatsächlich geschrieben, dass derzeit *kein* Personalbedarf besteht. Nein, das könnt ihr mir jetzt nicht antun! Somit gibt es derzeit auch nicht die Möglichkeit sich zu bewerben. „Das ist ja mal wieder typisch!", raune ich genervt, drehe die Musik auf und überlege mir, wie ich jetzt weiter vorgehen soll.

Klar, ich könnte mich bei einer der kleinen innereuropäischen No-Name-Fluggesellschaft bewerben, die momentan fliegendes Personal einstellt, doch in verschiedenen Foren wurde davon abgeraten. Die Aufenthalte im europäischen Ausland wären extrem kurz, oftmals würde nur die Mindestruhezeit von zehn Stunden eingehalten werden, das heißt, viel bekäme man von der Welt nicht zu sehen.

Hm? Andererseits, jeder fängt mal klein an, es wäre zumindest schon einmal ein Einstieg in die richtige Richtung. Oder sollte ich mich besser nach einem Job in New York am Flughafen umsehen? Doch mit Marc bin ich so gut wie nicht mehr in Kontakt. Aber mein Herz hängt nicht nur an ihm, sondern auch an New York. Ich liebe diese Stadt, manchmal wünschte ich mir, dass ich mich teilen könnte, um an mehreren Orten zugleich zu sein: in meinem geliebten bunten New York, in meiner Heimat in Deutschland bei meiner Familie, bei Shannon in Mackay, sowie hier im sonnigen

Brisbane. „Ach ja", seufze ich einmal laut. Warum muss das Leben bloß so kompliziert sein, und Entscheidungen treffen gefällt mir so gar nicht.

Mein Kopf brummt. „So, genug recherchiert für heute", sage ich zu mir selbst. Im Kleiderschrank wühle ich nach meinem mintgrünen Tankini und ziehe mich im Badezimmer rasch um. Ich liebe es, am Wochenende abends eine Runde im beleuchteten Pool schwimmen zu gehen. Da hat man gewöhnlich am Freitag- und Samstagabend ab acht Uhr seine Ruhe und ist ungestört, da alle in der Stadt unterwegs sind und Party machen.

Das Wasser ist noch von der Sonne leicht aufgewärmt. *Herrlich!*, denke ich, als ich die ersten Züge schwimme. Das werde ich in Deutschland mit Sicherheit vermissen. Dort liegen nämlich laut meiner Mutter momentan zehn Zentimeter Schnee. Okay, zugegebenermaßen an Weihnachten hätte ich Frost und Kälte toll gefunden, aber nur, weil es für mich an Heilig Abend dazugehört. Doch jetzt, im Januar, ist das wieder etwas völlig anderes. Da kann ich problemlos auf Schneeschippen und Eiskratzen bei Minusgraden verzichten. Wer macht das schon gern?

Eine halbe Stunde später steige ich aus dem Wasser, wickle mich in mein flauschiges Handtuch ein und lege mich auf eine der Holzliegen am Schwimmbecken. Das Thermometer neben dem Pooleingang zeigt um diese Uhrzeit noch immer fünfundzwanzig Grad Celsius an. Ich schließe meine Augen und lausche dem Wind – das nenne ich Erholung!

\*

*15. Januar*

Als am nächsten Morgen mein Wecker klingelt, fällt mir das Aufstehen mal wieder ungemein schwer. Aber als ich mir in Erinnerung rufe, dass wir heute an den Strand wollen, weiten sich meine müden Schlitzaugen im Nu und meine Lippen formen ein Lächeln. Doch dieses ist nicht von langer Dauer. Als ich im nächsten Moment an die Decke schaue, wo die Uhrzeit mit Hilfe der Projektion des Funkweckers in roten Zahlen angestrahlt wird, zucke ich zusammen und beginne derart laut zu kreischen, dass Valentina vor Schreck fast aus dem Bett fällt.

Sie richtet sich auf und starrt mich entgeistert an. „Warum schreist du so?"

„Oh Mann, ich habe mich soeben fürchterlich erschreckt", und deute an die Decke.

Valentinas Pupillen weiten sich. „Ah, was ist denn das *da* in unserem Zimmer?", jault sie auf und scheint im ersten Moment genauso geschockt zu sein, wie ich. „Iiihhh ... und wie bekommen wir das Vieh wieder von der Decke weg?", fragt sie und scheint mit einem Mal hellwach zu sein. „Das soll raus!", jammert sie und fährt sich mit einer Hand durch ihre wuscheligen Haare.

Das Vieh ist übrigens eine Rieseneidechse, die sich an unserer Deckenwand sichtlich wohl fühlt. Allgemein haben wir nichts gegen Eidechsen, doch diesen dicken Brummer mit einer Länge von über dreißig Zentimeter würden wir lieber außerhalb des Schlafzimmers haben.

Ich werfe meine Decke zurück, stelle mich aufs Bett und schaue mir das Tier aus nächster Nähe an. „Husch, husch ... weg mit dir!"

„Ha! Als würde dich die Eidechse verstehen!", lacht Valentina herzhaft.

Ich rolle mit den Augen „Hey, ein Versuch war es zumindest wert!", entgegne ich und komme ins Grübeln. „Vielleicht sollten wir besser systematisch vorgehen."

Fragend blickt mich Valentina an. „Und wie?"

„Als Erstes sollten wir die Zimmertür schließen, nicht, dass es noch in die Küche läuft. Zweitens wäre es sinnvoll, das Fenster komplett zu öffnen. Der dritte Punkt wäre, die Versteckmöglichkeiten abzuriegeln, zum Beispiel der Platz unter dem Kleiderschrank."

Gesagt, getan. Vor dem Spalt zwischen Laminat und Kleiderschrankboden haben wir eine Mauer aus Büchern aufgebaut. Mit einer gerollten Zeitung in der Hand stehen wir beide jetzt bereit, um die XXL-Eidechse aus unserem Zimmer zu scheuchen.

„Bereit, Valentina?"

„Ja!"

Ich steige mit beiden Füßen auf die Matratze meines Bettes und gebe der Eidechse mit der Tageszeitung einen kleinen Stups. Sie bewegt sich. Endlich! Huch, doch viel zu schnell! „Valentina, wo ist das Ding hin?"

„Da drüben!"

Die kleine Kreatur rast hin und her und irgendwie können wir sie nicht dazu bringen, in die richtige Richtung zu laufen. Ach ja, als hätten wir am Morgen nichts Besseres zu tun – aber manchmal hat man keine andere Wahl.

„Du sollst zum Fenster laufen. Da wartet die Freiheit auf dich!", flehe ich die Kreatur an, nachdem wir eine Viertelstunde später noch kein Stückchen weiter gekommen sind, außer, dass uns das Vieh an der Nase herumgeführt hat. Unsere Jagdversuche blieben erfolglos.

„Ich habe die Schnauze voll", meckert Valentina und setzt sich neben mich auf die Bettkante.

„Ich weiß, das macht keinen Spaß!", entgegne ich missmutig. „Aber willst du es nachts im Zimmer haben?"

Sie schüttelt heftig den Kopf.

„Also weiter geht's?"

Valentina nickt bejahend.

Wir leiten Runde zwei an. Während ich auf die Eidechse zugehe, versucht sie, dem Tier den Weg zu versperren. Die ersten Versuche scheitern mal wieder. Das war ja klar, doch mit einem Mal scheinen wir Erfolg zu haben. „Ja, ja, das sieht gut aus", flüstere ich, um das Tier nicht zu verschrecken.

Valentina lächelt zustimmend zurück. Gleich haben wir es. Es läuft die Wand zum Fenster hoch. Jetzt bloß nicht nach rechts oder links abbiegen, schön geradeaus weiter. *Und, und?*

„JA-AAAAA", brüllen wir und werfen vor Freude die Hände die Luft.

„Es ist weg", bemerke ich sichtlich erleichtert.

Valentina strahlt. „Gib mir Fünf." Unsere Handflächen berühren sich mit einem Klatschen. „Das wäre geschafft."

Ich blicke zur Uhr. Verdammt, es ist bereits halb zehn. In einer halben Stunde werden Luis und Chai vor der Tür stehen, um uns abzuholen. Jetzt müssen wir uns sputen. Dann geht es ab zur Gold Coast. Die Gold Coast, das ist eine Stadt an der Südostküste, ungefähr siebzig Kilometer von Brisbane entfernt. Besonders bei Surfern sind die kilometerlangen Sandstrände sehr beliebt, zugleich ist es auch Australiens größte Touristengegend und ein bezaubernder Ort, um seinen Sonntagnachmittag zu verbringen.

Eine Stunde später sitzen wir zu viert auf der Rückbank des Busses. Die Fahrtzeit soll ungefähr eineinhalb Stunden betragen. Mit dem Auto wäre man zwar eindeutig schneller dort, aber da uns kein Wagen zur Verfügung steht und uns der Linksverkehr auch nicht ganz geheuer ist, bleibt uns nichts anderes übrig, als den Bus zunehmen.

Eifrig erzählen wir den Jungs von unserem morgendlichen Besucher im Schlafzimmer.

„Och, das hätte ich doch zu gerne gesehen!", meint Luis lachend und hält sich dabei die Hand auf den Bauch. „Das sah bestimmt wahnsinnig komisch aus."

Auch Chai scheint sich zu amüsieren. „Das nächste Mal ruft ihr uns an. Wir hätten das Vieh in Nullkommanichts eingefangen", behauptet er selbstbewusst.

*Ha!* Dass sich Männer immer für etwas Besseres halten müssen. Aber ich kann ihnen ihr herzhaftes Jauchzen keineswegs übelnehmen. Luis hat schon recht: Es hat sicher urkomisch ausgesehen, wie wir dieser kleinen, wieselflinken Kreatur hinterhergehetzt sind.

Wir unterhalten uns prächtig und gackern viel herum. Als wir allerdings zwischendurch auf unsere Zukunftspläne zu sprechen kommen, stockt auf einmal die Unterhaltung. Was wird uns nach Australien erwarten? Beginnt dann der Ernst des Lebens? Eines steht fest: Wir werden nicht mehr zusammen sein. Eine schmerzhafte Vorstellung, doch daran wollen wir jetzt noch nicht denken.

„Wow, so schnell ist die Zeit im Bus noch nie vorbeigegangen!", sage ich überrascht, als wir schließlich am Busbahnhof der Gold Coast einfahren. Der Strand befindet sich nur ein paar Fußminuten entfernt. Gut gelaunt marschieren wir los. Überall sieht man kleine Souvenirläden, dazu unzählige Geschäfte und etliche Restaurants. Am Wochenende wimmelt es hier mal wieder nur so von Touristen ... nun ja, zu denen gehören wir ja wohl auch!

Am schmalen Küstenstreifen angekommen, umgeben von riesigen Wolkenkratzern, suchen wir uns ein lauschiges Plätzchen in einem Beachclub. Wieso wir uns das Geld nicht sparen? Das ist ganz einfach: Den Aufwand, zwei bis drei Sonnenschirme plus 'ne Kühltasche mitzuschleppen, ist es einfach nicht wert. Noch dazu sind die Busse meist so überfüllt, dass einem einfach der Platz fehlt, all den Krempel unterzubekommen. Da geben wir lieber mal zehn Dollar aus, für die wir den ganzen Tag lang einen bequemen Liegestuhl inklusive eines großen Sonnenschirms zur Verfügung gestellt bekommen. Außerdem besteht die Möglichkeit, seine Wertsachen wegschließen zu lassen, und Leitungswasser schenken sie hier auch kostenlos aus.

Ich richte mich auf meiner Liege ein. Die Sicht ist mal wieder phänomenal: Feiner Sand, blauer Himmel und türkisblaues Meer. *I love it!* Die Jungs können natürlich keine Minute ruhig sitzen und rennen sofort ins kühle Wasser.

Angeblich würden die größten Gefahren in Australien im Wasser lauern. Besonders die Irukandji-Qualle ist mir nicht ganz geheuer. Shannon hatte mir eins dieser Dinger mal in Mackay im Wasser gezeigt. Die Schwimmglocke dieser Quallenart ist maximal zwei Zentimeter groß und noch dazu ist sie durchsichtig, sodass man ein geschultes Auge braucht, um diese winzigen Quallen aufspüren zu können. Zum Glück sind sie zumindest nicht arg gefährlich. Außer Übelkeit, Erbrechen sowie starken Kopf-, Bauch- und Gliederschmerzen treten keine weiteren Symptome auf, und hier am Surfers Paradise Beach sind erfreulicherweise auch überall Lifeguard-Hochsitze vorzufinden, was einem ein gutes Gefühl vermittelt. Ich gehe davon aus, dass die Rettungsschwimmer gut ausgebildet sind und wissen, was zu tun ist, wenn man in Kontakt mit einer dieser giftigen Quallen kommt.

Wenig später leisten wir den Jungs im Wasser Gesellschaft. „Da seid ihr ja!", ruft Chai freudig und spritzt uns nass.

Luis, eindeutig der Wildere von beiden, springt im nächsten Moment von hinten auf mich drauf, sodass ich das Gleichgewicht verliere. Zusammen fallen wir ins Wasser – *Platsch!* – und werden von einer Welle überrannt.

Ich tauche auf und spucke Salzwasser, das ich in den Mund bekommen hatte.

Luis mustert mich grinsend. „Na, hat's geschmeckt?"

Ich streiche mir meine nassen Haare hinter die Ohren und stehe auf. „Ach, ... vielleicht ein bisschen salzig, aber ansonsten sehr köstlich!", scherze ich.

„Na, dann lass uns das doch direkt nochmal machen.", höre ich ihn jaulen.

„Luis, na warte! Jetzt bist du dran."

„Fang mich doch!", ruft er und streckt mir dabei frech die Zunge entgegen.

Ich rolle mit den Augen. „Tststs! Das lasse ich mir nicht gefallen", und renne hinterher.

„Warte, ich helfe dir", meint Valentina.

„Ich auch!", stimmt Chai zu.

Ich nicke anerkennend und gröle: „Alle auf Luis."

„Ha! Ihr bekommt mich sowieso nicht!", albert Luis herum, doch da hat er sich offenbar getäuscht. Es dauert keine dreißig Sekunden, bis wir ihn eingeholt haben. Zu viert rangeln und tunken wir uns gegenseitig. Mag sein, dass wir uns mal wieder wie Achtjährige aufführen, aber solange man Spaß hat, warum nicht? Und es ist in der Tat ein Riesenspaß!

Glücklich und erschöpft lasse ich mich wenig später auf meine Liege plumpsen, hole meinen Laptop aus meinem Rucksack hervor, den ich während der Zeit, als wir im Wasser waren im Schließfach verstaut hatte, und logge mich ein. Ich habe mir heute vorgenommen, mal wieder einen neuen Post für meinen Blog zu verfassen. Valentina sonnt sich derweil, während die Jungs eine Surfstunde nehmen.

*Blogeintrag vom 15. Januar:*

Heute sende ich euch viele sonnige Grüße von der Gold Coast, wo ich meinen Nachmittag mit Freunden verbringe.

Ihr fragt euch vermutlich, was es bei mir so Neues gibt? Eigentlich nicht allzu viel. Nach meinem Urlaub in Mackay ist jetzt wieder der Alltag eingekehrt. Das heißt, unter der Woche habe ich momentan bis um fünf Uhr nachmittags Unterricht. Die Schwerpunkte liegen derzeit auf folgenden Themen: Handle Mail, Team Work, Workplace Communication, IATA-Tickets, sowie Destination and Products – Asia Pacific. Der behandelte Unterrichtsstoff ist also bunt gemischt und nach meinen langen Schultagen muss ich meist noch lernen, sodass meine Abende prall gefüllt sind. Manchmal mache ich nach dem Abendessen noch einen Abstecher zum Pool. Anda, meine japanische Mitbewohnerin, leistet mir beim Schwimmen meiner Runden oftmals Gesellschaft und erzählt mir dann Geschichten aus ihrem Leben, die ich total spannend finde. Valentina, meine Zimmernachbarin, und ich kommen ebenso weiterhin blendend miteinander aus. Ich bin selbst erstaunt, dass das so gut klappt, wobei ich dazusagen muss, dass sie inzwischen auch manchmal bei ihrem neuen Freund übernachtet. Dann habe ich das Zimmer für mich alleine, was auch mal ganz angenehm sein kann. Privatsphäre ist hier nämlich Mangelware! Und vor ein paar Tagen traf ich Mary, meine ehemalige Gastmutter mal wieder, zugegebenermaßen war es das erste Mal nach meinem Auszug. Sie hatten mich zum Abendessen eingeladen. Total nett!

So weit, so gut ... ich wünsche euch einen wunderbaren Januar und freue mich stets, von euch zu hören. Bis in drei Monaten!
Liebe Grüße, Miriam

Nach einem gemeinsamen Abendessen in einem Fast-Food-Restaurant an der Promenade treten wir am frühen Abend die Heimreise an. Wir laufen gemütlich zum Busbahnhof, doch als wir die ellenlange Menschenschlange an der Haltestelle sehen, von der der Bus nach Brisbane abfahren soll, wird unsere gute Laune rasch gedämpft. Wir stellen uns hinten an und fangen an daran zu zweifeln, dass wir überhaupt noch mit in den Bus reinpassen werden, da wir leider ziemlich weit am Ende der Schlange anstehen. Die nächste Verbindung gibt es erst in einer Stunde. *Wir müssen also mit!* Drängeln ist in Australien zwar ein No-Go, doch die Angst, hier zurückzubleiben, treibt uns dennoch dazu an. *Ich hoffe, die Einheimischen nehmen uns das nicht übel*, denke ich, als wir uns in letzter Minute noch unverschämt mit in den Bus quetschen, der schon längst voll ist.

„Puuhhh ... wir sind drin", seufze ich. Kurz darauf schließen sich die Türen. Der Bus ist so voll, dass wir derart aneinandergedrängt stehen, dass ich mich nicht mal mehr umdrehen kann! *Na, das kann ja 'ne spaßige Fahrt werden*, denke ich mir und freue mich gleichzeitig am allermeisten auf eine erfrischende Dusche daheim.

Erschöpft und müde kommen wir genau eineinhalb Stunden später in Brisbane an. Es ist inzwischen halb neun Uhr abends und bei uns allen ist die Luft raus. Wir sind erledigt vom Tag und wollen nur noch heim. Es folgt eine schnelle Verabschiedung: „Tschüss! Macht`s gut. Bis morgen in der Schule", sind meine letzten Worte, bevor ich mich abwende und mit Valentina nach Hause gehe.

\*

*17. Januar*

Kennt ihr das, wenn einfach alles schiefläuft? Dieser Dienstag ist eindeutig einer dieser verfluchten Tage: Am Morgen, als ich aufwache und schockiert feststellen muss, dass ich mir den Wecker am Vorabend falsch gestellt habe und ich es deshalb nicht mehr rechtzeitig zur ersten Stunde schaffen werde – in diesem Moment denke ich mir, einfach im Bett zu bleiben wäre eine verlockende Option. Stattdessen hüpfe ich jedoch mit reichlich Elan aus dem Bett. Oh nein, das war zu viel Schwung! Ich stolpere über meine eigenen Füße und stürze zu Boden. Autsch! Das passiert wohl, wenn man mit dem falschen Fuß aufsteht.

*Wie gut, dass Valentina bei ihrem Freund übernachtet hat*, denke ich, denn spätestens jetzt – durch den lauten Knall – wäre sie schlagartig aus ihren wohligen Träumen gerissen worden. Tja, da liege ich nun, mit dem Bauch auf dem harten und kalten Parkettboden in unserem Zimmer und mir wird klar, dass dies heute ganz bestimmt nicht *mein* Tag wird. *Soll ich mich einfach mal krankmelden? Nee, das kann ich nicht bringen!,* geht es mir durch den Kopf. Also raffe ich mich langsam wieder auf und mache mich im Eiltempo für die Schule fertig.

Die zweite Schulstunde hat soeben begonnen und ich sitze brav im Unterricht, so als wäre nichts geschehen. Das heutige Thema sind *PowerPoint-Präsentationen*. Vor jedem Kursteilnehmer steht ein eigener PC. Wir bekommen den Auftrag, die Formatierung der Präsentation, die wir im Anschluss erstellen müssen, zu ändern und als Standardeinstellung festzulegen. Die Vorgaben dafür stehen an der Tafel geschrieben. *Bloß: Wie geht das?* Da ich die erste Stunde gefehlt habe, verstehe ich gerade nur Bahnhof. *Na, super*, denke ich, vor allem, da ich bei dem Programm keinerlei Vorkenntnisse habe. Es bleibt mir nichts anderes übrig, als mich zu melden und nachzufragen, was ich wirklich nur ungerne mache.

Doch es kommt noch besser, als ich merke, dass ich in all der Hektik von heute Morgen mein Mäppchen zu Hause liegen gelassen habe. Genervt verdrehe ich die Augen und wende mich seufzend an meine Sitznachbarin Selina, ob sie mir wohl einen Stift leihen könnte. „Natürlich", ist ihre Antwort. Zumindest das klappt!

Auf meinem Nachhauseweg werde ich von einem heftigen Schauer überrascht. Ein Schirm? Nee, den habe ich natürlich gerade heute nicht mit dabei. Dabei war vom Wetterdienst Regen vorausgesagt worden. So kommt es, wie es kommen muss: Als ich zu Hause ankomme, bin ich von oben bis unten klatschnass.

Die Krönung dieses verfluchten Tages: Kurz vor der Haustür lege ich mich noch ein zweites Mal recht ungraziös auf die Fresse. Mit meinen wohl nicht allzu robusten Gummi-Flipflops rutsche ich auf dem nassen Marmorboden im Treppenhaus aus, komme ins Wanken und falle.

„Aua!"

*Ich habe die Schnauze voll! Der Tag ist für mich endgültig gelaufen*, denke ich gereizt. Ich setze mich auf, mein Gesichtsausdruck ist vor Schmerz verzerrt, und reibe mit einer Hand sanft über mein rot angelaufenes Knie. „Das gibt mit Sicherheit eine fette Beule!", murmle ich vor mich hin.

Den restlichen Abend verbringe ich in meinem Bett, wo ich mich sicher fühle, und studiere die Lektüre, die wir zu Beginn des Power-Point-Kurses ausgeteilt bekamen. Tja, auch bei einem Auslandsaufenthalt gibt es gute und schlechte – auch mal *so richtig* schlechte – Tage, wie heute!!!

\*

26. Januar

Heute, am 26. Januar wird in Australien ein offizieller Nationalfeiertag namens *Australia Day* gefeiert. Dieser Tag soll an die Ankunft der First Fleet in Sydney erinnern, das war 1788. Dadurch haben wir heute, am Donnerstag, auch schulfrei. Wunderbar!

Brisbane ist festlich geschmückt, überall hängen australische Flaggen. Es ist nicht zu übersehen, dass die Australier stolz auf ihr Land sind. Außerdem finden zu diesem Anlass in der Stadt verschiedene Veranstaltungen statt: sportliche Wettkämpfe, BBQs, ein gemeinschaftliches Frühstücken im Stadtpark, Paraden, Ehrungen sowie unzählige Ausstellungen.

Der Zusammenhalt dieses Volkes ist beeindruckend, und durch die lockere Art der Menschen kommt man schnell mit Fremden ins Gespräch, so auch heute. Als wir beim gemeinschaftlichen Frühstück im Stadtpark, das durch die Stadt finanziert wird und kostenfrei ist, anfangs etwas abseits sitzen, spricht uns – Valentina und mich – plötzlich eine nette Dame vom Nachbartisch an und fragt uns lächelnd, ob wir uns denn nicht zu ihr und ihren Freundinnen gesellen wollen. Dabei kennt sie uns doch gar nicht! Wir würden hier so alleine hocken, meint sie, und wirft uns dabei einen mitleidigen Blick zu. Das könnte sie nicht mit ansehen, man wäre hier ja immerhin eine große Familie!

„Ähm ... ja!", antworte ich perplex. Valentina stimmt ebenso sofort zu. Um ehrlich zu sein, fühle ich mich anfangs von so viel Freundlichkeit etwas überrumpelt, aber wahrscheinlich nur, weil ich es einfach nicht gewohnt bin. Die lockere Art der Australier ist mir manchmal noch immer fremd, vor allem, da sie keinerlei Gegenleistung von einem erwarten. Sie sind einfach nur gesellige Menschen.

Als ich der netten Dame erzähle, dass ich aus Deutschland komme, ist mit einem Mal die ganze Aufmerksamkeit des Tisches auf mich gerichtet. Europa gehört, wie ich dann erfahre, zu den Lieblingsreisezielen des australischen Volkes, weshalb ich mit Fragen über meine Heimat und die umliegenden Länder übersät werde. Ein schönes Erlebnis!

Unseren Nachmittag verbringen wir, wie viele Familien an diesem Tag, an der Southbank in Brisbane. Wir faulenzen in der Sonne. Das Wetter ist wunderbar – es ist kein Wölkchen am Himmel zu sehen – und ich beginne, ein englischsprachiges Buch über einen Weltenbummler zu lesen, der es schaffte, in nur zehn Monaten einmal um die Welt zu reisen. Aufregend!

Später am Abend, als es schon dunkel ist, sehen wir von der Southbank aus noch ein überwältigendes farbenreiches Feuerwerk, während im Hintergrund die australische Nationalhymne gespielt wird. Es sieht wunderschön aus ... so schön, dass ich mit den Tränen zu kämpfen habe. Es ist einer dieser Momente, in dem einem bewusst wird, wie glücklich man sich schätzen kann, all das miterleben zu dürfen.

# SECHSTER TEIL:
# FEBRUAR – MEIN LEBEN IN BRISBANE

*10. Februar*

An einem Freitag im Februar erreicht mich eine freudige Nachricht aus Deutschland: Meine Nichte Lina wurde am Morgen des 10. Februar geboren. Ich bin zum *ersten Mal* Tante geworden. *Wow!* Ich bekomme direkt am nächsten Tag unzählige Fotos per E-Mail zugesandt. Aufgeregt betrachte ich mir die vielen Bilder, die im Krankenhaus aufgenommen wurden: Darauf sind meine Schwester Clara und ihr Mann Markus zu sehen, aber auch die Großeltern und Freunde, die die Kleine zum ersten Mal in ihren Händen halten. Das Strahlen auf ihren Gesichtern bleibt mir nicht unbemerkt. *Zu schade, dass ich nicht dabei war*, denke ich wehmütig. Zweieinhalb Monate werde ich mich noch gedulden müssen, bis ich das kleine Wesen auch mal in meinen Armen halten kann – das erscheint mir auf einmal wie eine Ewigkeit. *Ach ja*, seufze ich einmal laut, *das werde ich wohl so hinnehmen müssen*, und streiche mit dem Zeigefinger sanft über Linas zartes Gesicht am Bildschirm meines Laptops. „Ich kann's kaum erwarten, dich kennenzulernen!", flüstere ich leise vor mich hin.

\*

*13. Februar*

Es ist Montag. Heute nach der Schule treffe ich mich mit Valentina, um mit ihr zusammen im Supermarkt einkaufen zu gehen. Da wir in unserer Wohngemeinschaft alle verschiedene Essgewohnheiten haben, geht normalerweise jeder für sich einkaufen. Anda und Valentina, die asiatischer Abstammung sind, essen zum Beispiel zum Frühstück gerne Reis. Ich bevorzuge da Joghurt mit Obst, während Anne aus Frankreich Toast mit Marmelade liebt.

Unser Lieblingssupermarkt ist *Aldi*, da ist alles etwas preiswerter, ähnlich wie in Deutschland. Hätte mir früher jemand erzählt, dass es in Australien *Aldi* gibt, hätte ich ihn wohl ausgelacht, doch ja, so kann man sich täuschen. Nichtsdestotrotz unterscheiden sich die beiden Angebote stark voneinander und mir wird es wohl immer ein Rätsel bleiben, warum es weder in den USA, noch in Australien richtiges Brot mit einer harten Kruste zu kaufen gibt, so wie es in jeder deutschen Bäckerei erhältlich ist. In den australischen Supermärkten läuft man als Brotfan hoffnungsvoll die Korridore entlang und sieht nur Toastbrot aufgereiht liegen. *Igitt!* Ich glaube, die frischen Brötchen, das Laugengebäck und das leckere Bauernbrot aus Deutschland vermisse ich am meisten. Und alle anderen Lebensmittel sind in Australien generell um einiges teurer als in Deutschland. Hier ein paar Beispiele:

| | |
|---|---|
| 1,25 l Flasche Cola | AUS$ 4 |
| 1 l Milch | AUS$ 2 |
| 0,3 l Flasche Bier | AUS$ 3 |
| 1l Baileys | AUS$ 25 |
| 200 g Nescafé Kaffeepulver | AUS$ 7 |
| 400 g Glas Nutella | AUS$ 7 |
| Salatgurke | AUS$ 3 |
| 250 g Cherrytomaten | AUS$ 4 |
| 1 kg Äpfel | AUS$ 5 |

An der Kasse werden die Einkäufe von der Kassenmitarbeiterin in unzählige Plastiktütchen eingepackt, was mir bereits aus den USA bekannt ist. Dort ist das gleiche Procedere üblich – nicht gerade umweltbewusst, und die Qualität der Tütchen lässt auch zu wünschen übrig, die reißen viel zu schnell.

Ach, dazu fällt mir gerade eine witzige Geschichte ein. Als ich nach meinem Au-pair-Jahr wieder in Deutschland war und das erste Mal seit meiner Rückkehr zu *Penny* einkaufen ging, war ich in der Tat etwas blauäugig. Ich legte meine Einkäufe selbstbewusst aufs Band und hatte selbstverständlich keine Einkaufstasche dabei, da ich es bereits dermaßen verinnerlicht hatte, dass einem alles an der Kasse in die endlos vielen Tütchen eingepackt wird.

Die Lebensmittel stapelten sich schließlich auf der kurzen Ablage hinter der Kasse und ich fing an mich zu wundern, warum die Dame nicht begann, die Sachen in Tüten zu packen. Erst, als die ersten Artikel herunterflogen, fragte die Verkäuferin freundlich nach, warum ich meine Artikel denn nicht in den Wagen räumen würde. Ich schaute die Dame perplex an, ein Blick, den sie kurzerhand erwiderte und lief im nächsten Moment knallrot an. Ja klar, so läuft das hier ab. Wie konnte ich das bloß vergessen? Das war sie, die Geschichte meines Tüten-Traumas. *Megapeinlich!*

Vollgepackt mit unzähligen Tüten laufen wir zurück zum Apartment. Es ist immer das Gleiche – wir kaufen zu viel. Ich stöhne. „Manometer, ich hätte die riesige Wassermelone nicht mitnehmen sollen", und spüre, wie die Handgriffe der Plastiktüten in meine Hand einschneiden. „Aber bei *dem* Sonderpreis musste ich einfach zugreifen!"

„Obst wiegt allgemein zu viel", stimmt mir Valentina zu. „Mein Sechserpack Äpfel, die zwei Mangos und drei Orangen wiegen mit Sicherheit mehr als deine Melone", entgegnet sie mit einem Zwinkern.

Ich lache auf.

Wir müssen beide kichern. Eins steht fest: Wir haben schwer zu schleppen, und in diesen Minuten wünschen wir uns, ein Auto zu haben. *Das muss ein Luxus sein*, und ich frage mich, ob ich überhaupt noch fahren kann. Das letzte Mal, dass ich hinter dem Steuer saß, das muss Ende September in Deutschland gewesen sein. Mann, ist das lange her! Ob man das verlernen kann?

Nebenbei machen wir beide Pläne für das kommende Wochenende und einigen uns darauf, die Lone Pine Koala Sanctuary in Brisbane zu besuchen. Das haben wir schon seit Längerem vor, sind aber bisher noch nicht dazugekommen. Eine Sanctuary ist im Übrigen vergleichbar mit einem Zoo, nur dass man dort vielen der landestypischen Tieren auch direkt gegenübertreten und berühren kann.

*

Mein heutiges Abendprogramm an diesem Montag ist eigentlich nicht der Rede wert. Ich muss mich mal wieder mit meiner Zukunft auseinandersetzen und fülle eine Online-Bewerbung als Flugbegleiterin aus. Es handelt sich hierbei zwar um eine deutsche anerkannte Airline, die jedoch größtenteils nur europäische Ziele anfliegt. *Besser als gar nichts*, denke ich.

Ich habe mir in den Kopf gesetzt Flugbegleiterin zu werden, einfach und allein aus dem Grund, da man dadurch viel herumkommt, ich kann mir kaum vorstellen, dauerhaft an einem Ort zu verweilen. Ich möchte mein Abenteuerleben beibehalten und stets etwas Neues erleben und sehen.

Und *Plan B*? Ich komme ins Grübeln. Das Gedankenkarussell, das mir die großen Fragezeichen rund um meine Zukunft unentwegt präsentiert, dreht sich immerzu. Erst als Valentina vorschlägt, eine Folge unserer Lieblingsserie *Sex and the City* zu schauen, finde ich den Schalter zum Abstellen. Dazu sage ich nicht nein, schlüpfe rasch in mein kurzärmeliges Nachthemd und mache es mir liegend auf dem Bauch im Bett gemütlich, meinen Kopf stütze ich auf den Händen ab.

... somit neigt sich mal wieder ein Tag in Australien dem Ende zu.

\*

*18. Februar*

An diesem Samstag geht ein Traum in Erfüllung: Ich halte einen echten Koala auf meinen Armen. Das war stets ein riesiger Wunsch von mir, einmal einem dieser zuckersüßen Bärchen ganz nah sein zu können. Zugleich kann auch der Punkt ‚*einen Koala streicheln*' von meiner To-do-Liste gestrichen werden. *Yeah!*

Wir – das sind Valentina, Chai, Anda und ich – verbringen unseren heutigen Nachmittag auf der Lone Pine Koala Sanctuary. Der Eintritt ist zwar nicht ganz preiswert – sechsunddreißig Dollar! – aber für Touristen ist es auf jeden Fall eine einmalige Sache, die sich lohnt. Hier kann man Kängurus aus der Hand füttern, Schlangen halten, mit Koalas kuscheln, Wombats streicheln und Bekanntschaft mit Schnabeltieren machen. Ich finde es super interessant, besonders der Wombat und das Schnabeltier haben es mir angetan. Die kenne ich bisher nur von Bildern aus Büchern oder dem Internet. Hättet ihr gewusst, dass solch ein Wombat-Bär bis zu vierzig Kilometer pro Stunde laufen kann und er ausgewachsen so viel wiegt wie ein elfjähriger Junge? Heftig, oder?

Letztendlich überwinde ich meine Angst und entscheide mich dazu, eine Schlage zu halten. Das Tier wird mir auf die Schultern gelegt, wo es zu allem Überfluss einfach nicht zur Ruhe zu kommen scheint. Sind Schlangen allgemein pausenlos in Bewegung? Mit einer Hand habe ich ihren Kopf vorsichtig im Griff und versuche, diesen stets fern von meinem Körper zu halten. Das ist gar nicht so einfach. Auch wenn sie vielleicht nicht giftig ist, so kann das Vieh mit Sicherheit doch fest zubeißen.

„Miriam, bitte lächeln", ruft Chai, der ein Foto von mir mit der Schlange knipst. Als er mir wenig später das Bild zeigt, muss ich herzhaft auflachen, denn mein Lächeln wirkt total verkrampft. Eines ist gewiss: Schlangen und ich – das passt einfach nicht zusammen. Sie sind mir nicht ganz geheuer. Ich ihnen wahrscheinlich auch nicht.

Es ist ein wunderbarer Tag im Kreise meiner Clique in Australien. Die Umgebung ist wunderschön, die Sonne scheint und alle haben gute Laune. Doch meine gute Laune endet abrupt, als ich am Abend meine E-Mails checke. Es gibt eine neue Nachricht von der Fluggesellschaft, wo ich mich vor fünf Tagen beworben hatte. Genauer gesagt ist es eine Absage – damit hatte ich ganz sicher nicht gerechnet und das Schreiben ist natürlich nichtssagend:

*(...) wir bedanken uns für Ihre Onlinebewerbung und Ihr Interesse an einer Beschäftigung in unserem Unternehmen.*

*Wir müssen Ihnen leider mitteilen, dass wir Ihre Bewerbung nicht in die engere Wahl genommen haben. Wir bedauern sehr, Ihnen keinen günstigeren Bescheid geben zu können und wünschen Ihnen für Ihren weiteren beruflichen Werdegang alles Gute.*

Ich zerbreche mir den Kopf darüber, warum ich direkt zu Beginn abgelehnt wurde. Immerhin erfülle ich doch alle Kriterien. Letztendlich bin ich so unverschämt und rufe am kommenden Montagabend beim Bewerbermanagement an. Vermutlich handelt es sich hierbei um eine Verwechslung, rede ich mir ein. Sie müssen sich geirrt haben! Ich glaube, mir geht es dabei viel mehr um meine Ehre, als dass ich diesen bestimmten Job unbedingt haben muss.

Es läutet. Mit einem Mal bin ich richtig aufgeregt. *Stopp! Was will ich überhaupt sagen?*, frage ich mich plötzlich. Ich hätte mir besser mal was zurechtlegen sollen. Hm? Gerade, als ich wieder auflegen will, meldet sich jemand am anderen Ende der Leitung. Es ist eine Männerstimme. „Guten Tag, mein Name ist Herr Müller vom Bewerbermanagement. Wie kann ich Ihnen behilflich sein?", höre ich ihn sagen.

*Ich könnte noch immer auflegen*, saust es mir durch den Kopf, noch habe ich keinen Mucks von mir geben. Papperlapapp, das kann ich jetzt nicht mehr bringen! Ich strecke meinen Rücken durch und beginne von meinem Anliegen zu berichten.

„Wie war der Name doch gleich?", hakt er nach und macht mir damit verständlich, dass sie normalerweise solche Auskünfte nicht geben würden, schlichtweg, weil es aufgrund der Vielzahl an Bewerbungen nicht möglich sei. Aber heute würde er mal eine Ausnahme machen.

Da scheine ich wohl Glück zu haben und antworte: „Mein Name ist Miriam Traut."

„Moment, da muss ich gleich einmal im System nachschauen."

Ich warte geduldig. Gleich wird sich das Missverständnis aufklären, da bin ich mir sicher. *Die Angestellten, die bei der Airline arbeiten, sind halt auch nur Menschen*, denke ich. *Denen kann auch mal ein Fehler unterlaufen.*

Der Herr räuspert sich. „So, jetzt habe ich ihre Online-Bewerbung vorliegen."

„Okay", antworte ich verschmitzt. Bestimmt wird er sich gleich für das Pardon entschuldigen.

Er räuspert sich. „Der Grund ist, dass sie keine Berufsausbildung vorlegen können."

Mir klappt die Kinnlade runter. „Aber ... nein. Das ist falsch. Ich absolviere gerade eine schulische Berufsausbildung in Australien", entgegne ich aufgebracht.

„Das mag ja sein, doch die wird bei uns nicht anerkannt, fürchte ich."

„Nicht anerkannt?", stammle ich überrascht.

„Ja", bestätigt er mir. „Es muss eine IHK-geprüfte Berufsausbildung sein."

„I-H-K???"

„Ja, geprüft von der Industrie- und Handelskammer."

„Aha", nuschle ich leise. „Das ist also der Grund meiner Absage?"

„Ja", bestätigt er mit fester Stimme.

„Oh ... Danke für die Auskunft", stammle ich verlegen.

„Na dann wünsche Ihnen noch alles Gute für Ihren weiteren Berufsweg", höre ich ihn sagen. „Vielleicht versuchen Sie es einfach mal bei einer anderen Airline."

„Ähm ... ja ... vielleicht. Danke!", sind meine letzten Worte, bevor ich auflege.

*Nicht anerkannt*, saust es mir durch den Kopf. *Oh Mist!* Plötzlich wird mir einiges klar. Was hatte ich damals auf der Homepage der Organisation, die mir die Ausbildung vermittelt hatte, gelesen? *Mit diesen Abschlüssen können Sie in nahezu allen Ländern der englischsprachigen Welt arbeiten*, hieß es. Die Rede war von *englischsprachigen* Ländern. Ich ahne plötzlich, dass mir die Ausbildung in Deutschland nicht viel bringen wird. Damals ging ich noch fest davon aus, dass ich nach Australien nach New York zurückkehren würde. Doch das ist jetzt anders, denn ich glaube, ich möchte zunächst wieder etwas Zeit in Deutschland verbringen. Dinge ändern sich halt manchmal im Leben. Ich brauche einen Plan B, *doch was ist Plan B???*

\*

### 25. Februar

Als ich am nächsten Samstagnachmittag gerade mit Marcelo in den USA chatte, kommt Valentina ins Zimmer und schließt die Zimmertür, die tagsüber immer offensteht. Mir ist sofort klar, dass irgendetwas nicht stimmen kann. Überrascht drehe ich mich zu ihr herum. „Alles okay bei dir?"

Sie nimmt neben mir auf dem Bett Platz. „Miriam, ich muss mit *dir* unter vier Augen reden."

„Okay", stammle ich überrascht. „Lass mich noch schnell das Gespräch mit Marcelo beenden", sage ich und tippe rasch: *Melde mich später wieder.*

*Okay*, antwortet er. *Wollte sowieso noch die Küche aufräumen.*

*Mach das! Ciao.*

Danach richte ich meine volle Aufmerksamkeit auf Valentina. Ihr verzerrter Blick verrät mir, dass ihr etwas auf dem Herzen liegt. „Was ist los?"

Schulterzuckend schaut sie mich an.

„Du wolltest mit mir reden, oder nicht?"

„Doch, doch ... ich weiß nur nicht so genau, wo ich anfangen soll."

Mein Pulsschlag beschleunigt sich. „Na, dann muss es ja wirklich ernst sein. Wo drückt der Schuh?" *Sie wird doch nicht nach Hause fliegen*, saust es mir durch den Kopf. *Oh Gott, was wenn jemandem aus ihrer Familie in Korea etwas Schlimmes zugestoßen ist?*

Valentina reißt mich aus meinen Gedanken, als sie einmal tief Luft holt. „Die Sache ist die ... du bist mir sehr ans Herz gewachsen."

Ich lächle, aber nur ganz sanft, denn ich weiß, dass das noch nicht alles gewesen sein kann.

„Miriam, sei mir nicht böse", fügt sie hinzu.

Ich beuge mich vor. „Warum sollte ich?"

„Ich werde Anfang März ausziehen!"

Mit großen Augen schaue ich sie an. „Ausziehen? Aber wieso?", stammle ich geschockt.

„Nun ... Viktor hat mich gefragt, ob ich bei ihm einziehen möchte."

„Dein Freund?"

„Ja, genau *der* Viktor! Außerdem habe ich mich auch dazu entschieden, meine Ausbildung zu verlängern und noch mein Diplom dranzuhängen. Vielleicht werde ich auch für immer in Brisbane bleiben, wer weiß?!"

Ich nehme sie in den Arm und drücke sie einmal fest an mich. „Hey, ich find es zwar schade, dass du ausziehen wirst, aber ich freue mich natürlich auch für dich. Das sind doch tolle Neuigkeiten!"

„Das heißt, du nimmst es mir nicht übel?"

„Ich hätte es zwar schön gefunden, wenn du mich schon früher eingeweiht hättest, ... das kommt jetzt alles sehr plötzlich, aber ich kann deinen Entschluss natürlich nachvollziehen."

Valentina schlägt ihre Hände vors Gesicht und schüttelt den Kopf leicht hin und her. „Ich weiß, ich fühle mich auch so schuldig, aber ich hab es einfach nicht übers Herz gebracht, dir davon zu erzählen, da ich Angst hatte, dass du mich dafür hassen würdest."

Ich streichle ihr sanft über den Rücken. „Schon okay, ich bin dir nicht böse. Dafür gibt es keinen Grund."

„Danke, du bist die Beste. Was hältst du davon, wenn wir heute Abend mal wieder so richtig auf den Putz hauen, ich gebe auch eine Flasche Tequila aus."

Ich nicke zustimmend. „Super gerne!"

Da eine Flasche Tequila hier ein Vermögen kostet, ist es für uns etwas ganz Besonderes, das wir uns nur an Tagen leisten, an denen es richtig was zu feiern gibt.

Valentina verabschiedet sich mit einem Küsschen auf die Wange. Viktor würde angeblich unten im Wagen auf sie warten.

„Bis später!"

Danach öffne ich wieder den Chat. Hm ... Marcelo ist noch nicht wieder *on*, also entscheide ich mich zu warten. Währenddessen lehne ich mich mit dem Rücken an das Bettgestell und lasse Valentinas Worte nochmals auf mich wirken. Habe ich überhaupt begriffen, was sie da soeben zu mir gesagt hat? Sie wird ausziehen. *Autsch!* Ich kann zwar ihren Entschluss bestens nachvollziehen, doch mir graut es davor, mein Zimmer in Kürze mit einer Fremden teilen zu müssen. Wer wird hier bald einziehen und wie wird diese Person ticken?

Leider liegt das nicht in meiner Hand, das entscheidet inzwischen einzig und allein die Vermieterin. Letztes Jahr hatten die Bewohner der Apartments noch Mitspracherecht und durften sich ihre neuen Mitbewohner größtenteils auch selber aussuchen. Doch das wurde ab diesem Jahr geändert, da die Vermieterin damit wohl schlechte Erfahrungen gemacht hat. Angeblich wären einige der Vermieter zu wählerisch gewesen, somit hätten einige Zimmer zu lange leer gestanden = verlorenes Geld!

Im nächsten Moment poppt ein Fenster auf. Marcelo ist wieder online.

*Hey, Miriam. Ich bin wieder zurück, aber hab leider nicht allzu lange Zeit. Meine Mutter will gleich zum Friseur gefahren werden. Du weißt doch, sie fährt selbst kein Auto mehr.*

*Kein Problem,* tippe ich.

*Du wolltest mir doch von deinen Zukunftsplänen berichten. Erzähl mal, was hast du nach Australien vor?*, schreibt er.

*Ich habe mich dazu entschlossen, noch eine weitere Ausbildung – eine richtige IHK-Ausbildung – zu absolvieren. Du bist übrigens der Erste, dem ich davon erzähle.*

Gespannt warte ich auf eine Antwort. *Bist du dir sicher?*

*JA!*, gebe ich ein und setze noch einen Daumen-hoch-Smiley dahinter. *Mein ursprünglicher Plan als Flugbegleiterin durchzustarten ging nicht auf und ich befürchte, ohne eine anerkannte IHK-Ausbildung komme ich in*

*Deutschland allgemein nicht weit.*

Marcelo antwortet direkt: *Hm, aber war der Aufenthalt in Australien dann denn nicht vergeudete Zeit?*

*Niemals!!!,* tippe ich in Rekordzeit ein. *Ganz bestimmt nicht. All die Erfahrungen, die ich hier bisher machen durfte, sind unbezahlbar. Die Zeit vor Ort werde ich so schnell nicht wieder vergessen. Es war und ist noch immer ein spannendes Abenteuer. Zudem macht sich solch ein Collegebesuch auch in jeder Bewerbung gut. Das kann nicht jeder vorweisen.*

*Und wo bewirbst du dich?,* will Marcelo wissen.

*In die engere Auswahl kommt eine Ausbildung als Luftverkehrskauffrau, im Reisebüro oder in einem Hotel.*

*Nicht schlecht, … Oh, ich muss los, Miriam. Meine Mom ruft mich,* poppt auf. *Viel Glück bei deinen Bewerbungen, gehe deinen Weg und halte mich auf dem Laufenden,* fügt er noch hinzu.

*Mach ich. Ciao!,* verabschiede ich mich und klappe meinen Laptop zu. Und was mache ich jetzt? Mal schauen, ob Anda Lust hat, eine Runde schwimmen zu gehen. Ich raffe mich vom Bett auf und schaue, ob sie überhaupt daheim ist. In ihrem Zimmer treffe ich sie an. Sie sitzt am Schreibtisch und scheint gerade zu lernen, aber als ich sie frage, ob sie Lust hätte auf eine Abkühlung, stimmt sie sofort zu. *Auf sie ist Verlass!,* denke ich erfreut, wechsle die Klamotten und wenige Minuten später befinden wir uns bereits auf dem Weg zum Schwimmbecken.

Anda kommt aus der bunten Weltmetropole Tokio. Das muss eine abgefahrene Stadt sein; meine japanische Mitbewohnerin hat mir bereits viel darüber erzählt. Doch ich glaube, der Kulturschock in Japan ist nicht so ohne. Als sie mir einst davon berichtete, dass sie dort keine Taschentücher verwenden würden, tauchten in meinem Kopf sehr viele Fragezeichen auf. „Keine Taschentücher? Wie soll das gehen?"

„Ganz einfach", sagte sie. „Es wird einfach die Nase hochgezogen."

Als ich das hörte, zog sich alles in mir zusammen. *Boah, ist das eklig,* dachte ich entsetzt. Doch das war längst nicht alles, was die merkwürdigen Angewohnheiten der Japaner betrifft. Wie ich dann erfuhr, würde man nach dem Essen rülpsen und furzen – das wäre wohl ein Zeichen, dass es geschmeckt hat. In dem Moment hätte ich mich am liebsten lachend auf den Boden geschmissen, denn es hörte sich einfach zu verrückt und absurd an. Das kann doch nicht deren Ernst sein, oder doch? Doch!

Anda studiert so nebenbei bemerkt Englisch an einer Uni in Brisbane. Ihr Traum ist es, eines Tages als Englischlehrerin in Tokio tätig zu sein, doch bis dahin wird sie noch drei Jahre die Schulbank in Brisbane drücken müssen.

*

Später am Abend treffe ich mich mit Valentina, sowie Chai, Luis und Anda in unserem Apartment. Es gibt Tequila, dank Valentina!!! Wir lieben sie dafür, gemütlich sitzen wir auf dem Balkon und stoßen zu wiederholten Mal an: „Auf uns!", grölen wir und müssen lachen. Wir nennen das *Vortrinken*, denn alkoholische Getränke in den Bars sind völlig überteuert.

Danach geht's los – in einem kleinen gemütlichen Pub im Stadtzentrum, das besonders beliebt bei Studenten und Reiselustigen ist und eine kleine schwarz-weiß gefliese Tanzfläche besitzt, verbringen wir die Nacht. So ... jetzt heißt es abdancen und das junge Leben voll auskosten. *Partytime in Brisbane!*

## SIEBTER TEIL:
## MÄRZ – REISEN, TRAUMSTRÄNDE UND CO.

*5. März*

Valentina ist am letzten Mittwoch, den 1. März, ausgezogen. Die erste Nacht war für mich ungewohnt, da ich niemanden zum Reden hatte, doch zugleich stelle ich fest, was für ein Luxus es ist, wenn man ein Zimmer für sich alleine hat. Die Snooze-Taste meines Weckers kommt am Morgen wieder zum Einsatz und abends kann ich das Licht so lange brennen lassen, wie ich will. Aus den Musikboxen meines Laptops dröhnt unentwegt meine Lieblingsmusik. Ich muss mich morgens nicht mehr absprechen, wann ich ins Bad will, und einfach mal ungestört zu sein und seine Ruhe zu haben ist auch etwas Wunderbares. Ich liebe meine neuen Freiheiten. Ob und wann eine Nachmieterin einziehen wird, ist ungewiss. Bisher ist noch niemand vorbeigekommen, um sich das Zimmer anzuschauen, aber mir soll's recht sein. Ich bin nicht heiß darauf, eine fremde Zimmernachbarin zu bekommen.

*

*11. März*

„Miriam ... Miriam!"

Ich schiele auf meine Weckuhr. Es ist acht Uhr morgens. „Nicht mal am Samstag hat man in der Früh seine Ruhe", knurre ich verschlafen und strecke mich.

Im nächsten Moment stürmt Anda ins Zimmer. Sie wirkt ein wenig verärgert. „Miriam! Hörst du mich denn nicht rufen?", fragt sie und zuppelt nebenbei an ihrem lilafarbenen Sommerkleidchen herum.

Ich gähne. „Doch, doch ... laut und deutlich. Was gibt's denn so Wichtiges?"
„Telefon für dich."

Verdutzt starre ich sie an. „Mich?" Ich werde auf dem Haustelefon so gut wie nie angerufen und wer um Gottes Willen ruft mich an einem Samstagmorgen um diese Uhrzeit an?

„Es ist eine Shannon dran", flüstert sie und reicht mir den Hörer.

„Shannon?!" Augenblicklich bin ich hellwach und richte mich kerzengerade im Bett auf.

„Hallo, Shannon", beginne ich. „Bist du etwa um diese Uhrzeit schon wach?", spaße ich.

„Du kennst mich doch, ich bin eine Frühaufsteherin."

*Ach ja, wie konnte ich das vergessen!*, denke ich, lehne mich mit meinem Kissen gegen die Zimmerwand und wir beginnen, uns fleißig auszutauschen.

„Du, hör mal zu ... ich habe großartige Neuigkeiten!"

„Ach ja?", frage ich verwundert.

„Weißt du, wir ..."

*Ding-Dong.* Zum wiederholten Male klingelt es an der Tür, während ich mit ihr telefoniere. Ich stöhne auf. Oh Mann, heute ist echt der Wurm drin! *Wo sind denn auf einmal alle hin?*, frage ich mich und stehe auf.

*Ding-Dong.*

„Shannon, entschuldige kurz, es läutet an der Haustür. Ich muss mal hin", sage ich und eile mit dem Telefon in der Hand zum Eingang.

*Ding-Dong-Ding-Dong.*

Das ist bestimmt der Briefträger. Dass die immer so ungeduldig sein müssen. „Ja! Ich komme schon!", rufe ich unwirsch und öffne die schwere Haustür. Vor mir steht ein junger Mann mit einem Paket in Form und Größe eines Schuhkartons in der Hand. „Guten Morgen. Sind Sie Anne Marchand?"

Ich schüttle den Kopf. „Aber Anne wohnt hier. Ich kann das gerne entgegennehmen."

„Okay, dann bräuchte ich hier eine Unterschrift", meint er und reicht mir seinen Stift.

Rasch lege ich den Hörer, den ich in der Hand halte, auf die Kommode neben der Tür, um besser unterschreiben zu können. Der Briefträger verabschiedet sich, und ich stelle das Päckchen auf dem Küchentisch ab. Ob Anne da ist? Nein, das Zimmer ist leer, Anda ist auch weg ... *Komisch!*

Im nächsten Moment fällt mir ein, dass die beiden ja mal wieder ein paar

Tage unterwegs sind – ein Wochenendtrip nach Fraser Island. Das erklärt auch, warum Anda schon auf war und fix und fertig angezogen. Denn eigentlich ist sie, wie ich, eine Langschläferin. *Die haben es gut*, denke ich verträumt. All die Reisen, welche die zwei unternehmen, sind dank ihrer wohlhabenden Eltern möglich, die ihnen alles bezahlen. Wobei ich mich selbstverständlich nicht beschweren darf, denn meine Eltern unterstützen mich ebenso. Ohne sie wäre ich vermutlich aufgeschmissen, und ich weiß ihre finanzielle Hilfe sehr zu schätzen. Trotzdem muss ich momentan sehr auf meine Ausgaben achten, denn das Leben in Down Under ist alles andere als günstig.

Mein Blick wandert zur Kommode. *Ooopppsss!* Shannon wartet am anderen Ende der Leitung noch immer auf mich. *Du meine Güte!* Ich hatte sie für einen Moment komplett vergessen. Eilig schnappe ich mir den Hörer.

„Shannon ... ?" Ein ärgerliches Räuspern dringt an mein Ohr. „Shannon, bist du noch dran?"

„Ich dachte schon, du hast mich vergessen", antwortet sie leicht beleidigt.

„Sorry!", entschuldige ich mich beschämt. „Ähm ... du wolltest mir noch etwas erzählen, oder?", frage ich verlegen nach. „Also ...?"

„Meine Mom möchte dich nochmals zu uns einladen. Du bist ihr echt ans Herz gewachsen, und natürlich wünsche auch ich mir nichts sehnlicher, als dich vor deiner Rückkehr nach Deutschland noch einmal zu Gesicht zu bekommen."

Ich fühle mich geschmeichelt. „Hey, ich würde zu gerne vorbeischauen und kann mir auch nichts Schöneres vorstellen ... aber das geht leider nicht", entgegne ich bedrückt und lasse mich auf die Wohnzimmercouch plumpsen.

„Warum nicht?"

„Nun ja ..." Ich reibe mir die Schläfen. „Erstens, weil ich mir bis zu meiner Heimreise in sechs Wochen keinen weiteren Flug nach Mackay leisten kann, und zweitens, weil ich es nicht bringen kann, die Schule zu schwänzen."

„Nein, nein, da hast du was falsch verstanden", meint Shannon lachend.

*Was soll ich daran schon missverstanden haben?*, frage ich mich und hake nach: „Wie meinst du das?"

„Wir übernehmen selbstverständlich alle Kosten für dich. Und die Schule wirst du auch nicht verpassen, wenn du übers Wochenende kommst."

Mir verschlägt es die Sprache und ich bin im ersten Moment total aus dem Häuschen, doch dann ... „Nein, das kann ich nicht annehmen."

„Du MUSST! Du hast außerdem gar keine andere Wahl, sonst wird meine Mom zutiefst beleidigt sein und dich persönlich mit dem Känguru-Express in Brisbane abholen kommen."

„Hihihi ... das will ich sehen!"

„Also, was ist?"

Ich zögere noch einen Moment. *Darf ich diese großzügige Einladung wirklich annehmen?* „Okay ... abgemacht."

Wir vereinbaren, dass ich bereits am kommenden Wochenende nach Mackay fliegen werde. Shannons Familie wird sich um alles kümmern. Ich bin total baff. Das sind großartige Aussichten. *Juchuuu!!*

\*

Am Samstagnachmittag besuche ich mit Valentina die Westfield Garden City Mall, die nur mit dem Bus oder dem Auto zu erreichen ist. Seit Valentina mit Viktor zusammengezogen ist, sehen wir uns leider nicht mehr allzu oft. Sie ist über beide Ohren verliebt, und da kommen die Freunde eben schon mal ein bisschen zu kurz.

Die Fahrtzeit beträgt um die dreißig Minuten, weil der Bus aufgrund der vielen Haltestellen auf dem Weg oft anhalten muss, doch wir haben keine Eile. Entspannt lehnen wir uns zurück und genießen die Aussicht. Am Fahrbahnrand tauchen immer wieder Straßenschilder auf, auf denen ein Känguru oder ein Koala abgebildet ist – ein Anblick, an den ich mich wohl nie gewöhnen werde. Aber da ich diese gelben Schilder derart ulkig finde, habe ich mir bereits zwei nachgebildete Plastikschilder gekauft, die ich zu Hause in Deutschland an die Wand hängen will.

Am Einkaufszentrum angekommen, beginnen wir unseren Shoppingmarathon und stürzen uns auf der Suche nach Schnäppchen ins Getümmel. Am Wochenende ist hier stets viel Betrieb, und die klimatisierte Mall ist der perfekte Rückzugsort, wenn es draußen mal zu heiß wird.

*Ein neuer Tankini wäre nicht schlecht*, denke ich mir, während wir ein Geschäft nach dem anderen abklappern, denn mein jetziger sieht schon recht ausgewaschen aus. Im *Billabong*, einem Laden für junge Menschen, der trendige Anziehsachen im lässigen Beachlook anbietet, werde ich dann tatsächlich fündig: Auf der Stange hängt ein blauweiß gepunkteter Bandeau-Tankini. *Den muss ich haben!*

„Valentina, ich probier' das mal schnell an", sage ich und deute mit dem Finger auf den Tankini in meiner Hand.

Sie nickt und meint: „Da drüben am Ständer gibt's übrigens reduzierte Shirts. Ich habe für mich bereits zwei bauchfreie Trägertops gefunden."

„Ah ja, vielleicht später", erwidere ich rasch, denn momentan ist meine ganze Aufmerksamkeit auf den Tankini gerichtet. Als ich mir kurz darauf in der Umkleidekabine das Oberteil über den Kopf stülpe, höre ich Valentina nach mir rufen. „Hier bin ich!", sage ich und schiebe den Vorhang ein kleines Stück beiseite.

„Und?"

Ich drehe mich einmal um die eigene Achse und singe leise: „I love it!"

Valentina nickt lächelnd und macht einen Schritt auf mich zu. „Wow! Passt wie angegossen. Was kostet das Ding denn?"

„Oh … gute Frage", stammle ich und erstarre für einen Moment. Dann suche ich Höschen und Oberteil nach einem Preisschild ab, doch ich kann nichts finden. „Das Etikett fehlt", sage ich genervt. „Da müssen wir wohl die Verkäuferin …"

„Nein, nein", unterbricht mich Valentina. „Hier am Rücken klebt ein Preisschild."

„Und?" Ich kneife meine Augen zusammen und ahne bereits Böses. „Und?"

„Neunundsiebzig Dollar."

„Was?!", stöhne ich laut auf und schlage die Hände vors Gesicht. „Ist nicht wahr! Das ist zu teuer."

„Mooooment …", meint meine Freundin mit einem Mal. „Da ist noch ein zweiter Sticker."

Gespannt richte ich meinen Blick auf sie. „Jaaa …?"

Valentinas braun geschminkte Augen schauen mich strahlend an, ihre Lippen formen ein Lächeln. „Discount: fünfzig Prozent."

Ihre Worte lassen mein Herz höherschlagen, und ein durchdringender

Freudenschrei entfährt mir: „Yapadabadu!" Keine zehn Minuten später bin ich stolze Besitzerin dieses fantastischen Tankinis.

Nach diesem erfreulichen Kauferlebnis legen wir einen Zwischenstopp bei *Starbucks* ein. Eine kleine Stärkung kann nie schaden, da sind wir uns einig. Wir teilen uns ein Stück Schokoladenkuchen und besprechen nebenbei die Abendplanung.

„Was hältst du mal wieder von einem Barbecue-Abend im Park? Das haben wir schon lange nicht mehr gemacht."

„Oh ja!", jaule ich begeistert.

Valentina räuspert sich. „Ich habe übrigens Aiko versprochen, mich bei ihr mal zu melden."

„Wer ist Aiko?"

„Du hast sie noch nicht getroffen. Sie ist erst seit zwei Wochen hier und kennt noch niemanden. Aber vielleicht hätte sie Lust, uns Gesellschaft zu leisten. Was denkst du?"

„Ja, gerne. Mach das", antworte ich und schiebe mir das letzte Stück des Kuchens in den Mund.

*

Gegen acht Uhr abends treffen wir uns zu dritt in der Nähe der Southbank. An diesem künstlich angelegten Strand im Park stehen etliche gasbetriebene Grillstationen zur Verfügung, die kostenfrei benutzt werden dürfen – ohne jegliche Reservierung! First come, first serve.

Wieder einmal verbringen wir einen wunderbaren Abend unter einem herrlichen Sternenhimmel. Aiko ist total nett, aber es ist nicht zu übersehen, dass sie aus Japan stammt, wo die Mode immer einen Tick bunter und verspielter zu sein scheint. *Was finden die an Kitschmotiven bloß so toll?*, geht es mir beim Anblick von Aikos Shirt durch den Kopf. Sie trägt einen kurzen, knallpinken Stoffrock und dazu ein trägerloses Shirt mit einem glitzernden Hello-Kitty-Aufdruck. Es ist nicht das erste Mal, dass ich dieses Motiv an einer erwachsenen Frau sehe, und Anda ist augenscheinlich ebenso eine begeisterte Anhängerin dieses Glitter-Kitsch-Wahns.

Als sie mir erzählt, dass die am meisten verbreiteten Religionen in ihrem

Land Shintoismus und Buddhismus seien und sie am vergangenen Sonntag zum ersten Mal eine christliche Kirche betreten hätte, spitze ich meine Ohren. Früher war mein Interesse, was Religionen im Allgemeinen betrifft, nicht sehr groß. Doch mit einem Mal, seit ich all diese Menschen aus den verschiedensten Kulturen kennenlerne, finde ich es megaspannend, mehr über ihre Sitten und auch über ihre Glaubensrichtungen zu erfahren.

Während Aiko von den wunderschönen Tempelanlagen, den verschiedenen Buddhas und ihren Bräuchen berichtet, erinnere ich mich daran, dass wir das Thema Buddhismus irgendwann einmal in der Schule durchgenommen haben. Wie hat unsere Lehrerin damals gemeint: Alles dreht sich um die Wiedergeburt, beeinflusst durch gute Taten im Leben. Oberstes Ziel ist es, das erlösende Nirwana zu erreichen. Bei einem schlechten Karma kommt es demnach zu einer Wiedergeburt als Tier oder Dämon. Doch was ist Shintoismus? Davon habe ich noch nie zuvor gehört.

Aiko lächelt zaghaft, als ich sie danach frage, und streicht sich durch ihre langen schwarzen Haare. „Das ist ganz einfach: Beim Shintoismus gibt es weder strikte Regeln einzuhalten noch irgendwelche Vorschriften. Vielmehr geht es um die Erhaltung der Harmonie. Es geht um das Hier und Jetzt, nicht um das Jenseits. Das ist vermutlich für andere schwer nachvollziehbar, aber für Japaner ist ein friedliches Zusammenleben das A und O. Übersetzt heißt *Shintoismus* übrigens *Weg der Götter*."

„Aber oftmals werden Buddhismus und Shintoismus in Japan miteinander kombiniert, nicht wahr?", wirft Valentina ein.

„Genau. Viele glauben an beides, doch auch das wird bei uns recht locker gesehen. Je nach Lebenslage wird eine der beiden Religionen auch mal stärker beziehungsweise schwächer ausgelebt."

Ein wunderbarer Austausch, ein toller Abend. So etwas liebe ich! Wir reden bis spät in die Nacht und vereinbaren, uns bald mal wieder zu treffen. Bedauerlicherweise kommt es jedoch nicht dazu. Wie ich Wochen später erfahre, hat Aiko das Jahr abgebrochen – das Heimweh und der Kulturschock waren zu groß. Somit bleibt es bei dieser einen flüchtigen Begegnung. Das ist einerseits sehr schade, aber andererseits weiß ich aus eigener Erfahrung, dass Heimweh ein Gefühl ist, das nicht zu unterschätzen ist. Bei meinem ersten Auslandsaufenthalt als Au-pair-Mädchen in den USA spielte ich anfangs selbst einmal mit dem Gedanken, alles hinzuschmeißen. Zum Glück hielt ich durch, denn nach dem anfänglichen Down folgte eine der schönsten Zeiten meines Lebens.

*

*12. März*

Sonntagabend. Das Klimpern eines Schlüssels ist zu hören, danach ertönt Stimmengemurmel. Ich blicke auf meinen Wecker: Es ist zehn Uhr. Das müssen Anda und Anne sein, die gerade von ihrem Wochenendtrip zurückkehren. Prompt richte ich mich auf, lege mein Buch beiseite und gehe in meinem Pyjama zu ihnen ins Wohnzimmer. „Welcome back, ihr zwei! Wie war Fraser Island?"

Anda grinst mich. „Es war wunderschön!", schwärmt sie und beginnt zu erzählen, während ich mich an die Wand lehne und ihr interessiert zuhöre. Fraser Island ist die größte Sandinsel der Welt und liegt etwa hundertneunzig Kilometer von Brisbane entfernt. Dort gibt es kilometerlange Sandstrände, glasklare Seen, gigantische Dünen und tropische Regenwälder – ein Naturparadies! „Wir haben auch superviele Fotos geschossen. Wenn du möchtest, können wir uns die gleich auf meinem Laptop anschauen."

„Au ja!", erwidere ich begeistert und erinnere mich im nächsten Moment an das Paket für Anne. Ich tapse zum Küchentisch und hole das Päckchen. „Das hier ist übrigens am Samstagmorgen für dich gekommen."

„Post für mich?", fragt Anne überrascht und sieht mich mit großen Augen an.

„Ja", bestätige ich heiter. „Aus Frankreich."

„Wow ... von meinen Eltern!", ruft sie glückstrahlend, und ich kann ihre Freude bestens nachvollziehen. Post aus der Heimat zu bekommen ist immer etwas ganz Besonderes – vor allem, wenn man sich im Ausland befindet.

Anda stellt sich neben sie. „Nun mach schon auf! Wir sind alle gespannt, was da drinnen ist."

Anne geht zur Küchenzeile, holt eine Schere aus der Schublade und entfernt vorsichtig das Klebeband. Anda und ich schauen ihr neugierig dabei zu, und ich frage mich, was ihr ihre Eltern wohl geschickt haben. Anne öffnet die Paketschachtel, schaut hinein und holt den Inhalt hinaus.

Meine Augen weiten sich augenblicklich.

„Sag mal, haben deine Eltern Angst, dass du hier verhungerst?", fragt Anda und deutet kichernd auf die zig Schokoladentafeln auf dem Esszimmertisch. Auch sie scheint sich über die Mengen zu wundern.

„Ja, die übertreiben es immer ein bisschen", gesteht sie mit einem verlegenen Lächeln und hält uns je eine Tafel hin. „Wollt ihr? Das ist die beste Schokolade, die es in Frankreich gibt."

*Natürlich wollen wir!* Anne holt noch zwei Tütchen Makronenplätzchen hervor, eine Packung mit den klebrigen Nougatriegeln, unzählige Bonbons, eine 0,5 Liter Flasche hochwertigen Rotwein und zu guter Letzt einen mehrseitigen Brief, den sie allerdings erst später in Ruhe lesen will.

Während Anda ihr Laptop aus dem Zimmer holt, um mir die Fotos ihrer Reise zu zeigen, pflanze ich mich auf das Sofa im Wohnzimmer und mache es mir im Schneidersitz auf dem Polster gemütlich. Anne leistet mir Gesellschaft und öffnet eine der beiden Tüten mit den Makronen.

„Probier' mal!", sagt sie und hält mir das Tütchen unter die Nase.

Ich greife dankend zu und beginne nebenbei, von Shannons Überraschungsanruf zu erzählen. „Ihre Eltern wollen mir 'nen Flug nach Mackay spendieren."

„Ey, das hört sich doch gigantisch an."

Ich lächle zart. „Ja, sicher ... aber es ist halt nur Mackay, eine Stadt im Nirgendwo – kein Fraser Island."

Anne schüttelt den Kopf. „Falls ich mich nicht täusche, müsste da oben in der Ecke irgendwo Airlie Beach liegen. Der Ort ist immerhin bekannt für die zahlreichen Kreuzfahrten zu den Whitsunday Islands. Vielleicht werden von dort aus auch Tagestouren angeboten, die dann nicht so arg teuer sind. Informiere dich doch mal im Internet oder frage deine Freundin Shannon."

Ich bin begeistert. „Das mache ich auf jeden Fall!"

Mittlerweile ist auch Anda so weit und klickt das erste Foto an, auf dem kristallblaues Wasser und ein weißer Sandstrand, der nicht schöner sein könnte, zu sehen sind.

„Krass! Da wart ihr?", sage ich und beneide die beiden insgeheim ein wenig. „Ich habe definitiv etwas verpasst."

Anda nickt. „Es ist in der Tat wunderschön dort."

Mir verschlägt es die Sprache, während sie mir weitere wunderschöne

Bilder zeigt. *Da will ich auch hin!*, denke ich und werde mit einem Mal sogar etwas traurig, dass ich nicht mitkommen konnte. „Wie viel hat euch der Trip eigentlich gekostet?", frage ich neugierig.

Anne räuspert sich. „Das willst du gar nicht wissen."

„Es war ziemlich teuer", fügt Anda schmunzelnd hinzu und fährt sich durch ihr Haar. „Also: Busfahrt, Cruise und Übernachtung haben um die vierhundert Australische Dollar gekostet."

Mir klappt die Kinnlade runter. „Vierhundert – für zwei Tage?"

„Ja, aber das Geld war es allemal wert", meint Anda und steht unvermittelt auf. „So, ich werde jetzt unter die Dusche springen. Gute Nacht, ihr beiden."

Ich erhebe mich ebenfalls von der Couch und gehe in mein Zimmer, während Anne beginnt, den Brief ihrer Eltern zu lesen. Inzwischen ist es halb zwölf. Zeit für mich, um schlafen zu gehen, denn eine neue anstrengende Schulwoche steht mir bevor.

*

**14. März**

Die Bilder von Fraser Island gehen mir nicht mehr aus den Kopf. Nach der Schule am Dienstagnachmittag nutze ich die Zeit, um mich über die Whitsunday Islands und Airlie Beach zu informieren. Der beliebte Urlaubsort an der Küste von Queensland ist in der Tat nicht allzu weit von Mackay entfernt. Die Fahrtzeit beträgt etwas mehr als zwei Stunden, und von dort aus werden etliche Touren angeboten.

Mein Blick bleibt auf einem Last-Minute-Angebot haften: ein Tagesausflug zum Whiteheaven Beach – einer der schönsten Strände der Welt – und es gibt für diese Woche sogar noch freie Plätze. *Discount – 40 %* steht darunter in roter Schrift geschrieben. *Ob das auch das Wochenende betrifft?*, frage ich mich und gehe spaßeshalber auf die Buchungsseite, wo mir alle möglichen Termine angezeigt werden. *Holla, die Waldfee!* Ich beuge mich ein Stück vor. Am Samstag gibt es tatsächlich noch drei verfügbare Plätze!

Augenblicklich rufe ich Shannon an, denn ich muss schleunigst abklären, ob sie Lust hat, solch einen Ausflug mit mir zusammen zu unternehmen. Leider hebt sie nicht ab. *Mist!* Nervös rutsche ich auf meinem Stuhl hin und her. Wer weiß, ob dieses Angebot später noch zu haben ist, wenn ich jetzt nicht sofort zuschlage. Ich überlege, ob ich die Tour einfach mal buchen soll, doch dann wähle ich nochmals Shannons Nummer. *Komm schon, Shannon, sei zu Hause! Geh dran!* Als plötzlich tatsächlich jemand abhebt, ist es ihre Mutter. Ich erfahre, dass Shannon derzeit bei ihrer Freundin ist. Da ich nicht länger warten will, erkundige ich mich bei Sally, was sie von meiner Idee hält und ob sie glaubt, dass Shannon womöglich mitkommen würde.

„Das hört sich fantastisch an, eine wunderbare Idee!", höre ich sie am anderen Ende der Leitung quieken. „Und für *den* Preis – da buchst du besser sofort. Das ist wirklich ein Schnäppchen."

„Okay, dann werde ich das einfach mal machen und hoffe, dass Shannon keine anderen Pläne für uns hat."

Bevor Sally auflegt, erzählt sie mir noch, dass sie meinen Flug bereits gebucht hat und mir die Buchungsdaten später per E-Mail weiterleiten wird. Abflug ist am Freitag um sechs Uhr abends. Wie gut, dass ich diese Woche nur bis um drei Uhr Schule habe – das sollte ich schaffen. Ich bedanke mich schon einmal im Voraus für ihre Einladung und die Bezahlung des Flugs und gehe aufs Neue auf die Webseite des Veranstalters. Entsetzt muss ich feststellen, dass jetzt tatsächlich nur noch zwei Plätze frei sind. Ich warte keine weitere Sekunde, hole schnell meine Kreditkarte aus der Geldbörse, gebe die Daten ein und klicke auf *Buchen*. Keine fünf Minuten später erhalte ich die Bestätigung per Mail und beginne, über das ganze Gesicht zu strahlen. Am kommenden Wochenende – in genau vier Tagen – werde ich einen der schönsten Strände der Welt zu sehen bekommen. *Genial!* Bei der Vorstellung kommen mir fast die Tränen.

*

*17. März*

Als die Schulglocke am Freitagnachmittag das Ende der letzten Stunde ankündigt, bin ich nicht mehr zu bremsen. Ich springe vom Stuhl auf, renne nach Hause, schleudere meine Schultasche etwas unsanft aufs Bett und schnappe mir meinen fertig gepackten Koffer fürs Wochenende. In wenigen Stunden geht mein Flugzeug nach Mackay, jetzt darf ich keine

Zeit verlieren!

Die Wiedersehensfreude am späten Abend im Ankunftsbereich des Flughafens von Mackay ist groß. Shannon und ihre Eltern begrüßen mich überschwänglich, als hätten wir uns jahrelang nicht gesehen, dabei waren es nur zweieinhalb Monate. *Wie wird das bloß werden, wenn ich am Sonntag abreise?* Das nächste Wiedersehen ist ungewiss, doch jetzt freue ich mich erst einmal auf die nächsten achtundvierzig Stunden – zwei Tage, prall gefüllt mit Unternehmungen und vermutlich sehr wenig Schlaf.

*

## 18. März

Früh am Morgen düsen wir bereits über den Highway. Am Samstag ist um diese Uhrzeit noch nicht viel los, ab und zu kommt uns ein Lastwagen entgegen, mehr nicht. Die Landschaft um uns herum wirkt trostlos. Brauner Sand und ein paar Büsche sind zu sehen, aber das bin ich ja inzwischen von Australien gewöhnt. Sobald man die Stadt verlässt, herrscht Steppenatmosphäre. Zugleich vermittelt es einem jedoch auch ein Gefühl von grenzenloser Freiheit, und dank der vielen Kängurus, die wir heute in den frühen Morgenstunden zu Gesicht bekommen, wird es auch nicht langweilig. Ich staune nicht schlecht, als drei von ihrer Sorte direkt neben dem Wagen auf meiner Seite auftauchen. Das Trio lässt mein Herz schneller schlagen. Sie befinden sich höchstens drei bis vier Meter von uns entfernt, obwohl am Straßenrand etliche Kadaver von überfahrenen Kängurus liegen. Die von den Fahrzeugen ausgehende Gefahr ist den Beuteltieren scheinbar nicht bewusst.

„Wie lange ist es noch bis Airlie Beach?", erkundige ich mich bei Shannon.

„Noch eine Stunde und fünfzehn Minuten", meint sie. „Was hältst du davon, wenn wir da vorne an der Tanke eine kurze Pause einlegen?"

Ich blicke auf die Digitaluhr im Armaturenbrett. Es ist jetzt sechs, und die Fähre wird erst gegen halb neun ablegen. Wir liegen gut in der Zeit, also stimme ich zu. Heute ist der Tagestrip zum Whiteheaven Beach geplant, und ich bin deswegen völlig aus den Häuschen. Die Insel liegt buchstäblich im Herzen des Great Barrier Reef. Auf den Bildern im Internet war ein wundervoller Sandstrand zu sehen – *ein Traum!*

Nach unserem kurzen Frühstücksstopp mit Rührei und Toast mit Vegemite-Aufstrich sowie einer entspannten zweiten Etappe mit dem Auto kommen wir pünktlich am Hafen an. Wir stellen den Wagen ab, nehmen unsere Rucksäcke auf und besteigen den Segelkatamaran. Die Crew ist total nett und wir fühlen uns hier vom ersten Moment an gut betreut. Ich bin vor Freude total aufgedreht.

Achtundzwanzig weitere Touristen – vor allem junge Menschen – kommen dazu, unter ihnen zwei deutsche Backpackerinnen, mit denen ich mich prächtig unterhalte. *So ein Work&Travel-Aufenthalt ist mit Sicherheit sehr aufregend*, denke ich mir und staune nicht schlecht, als sie mir erzählen, wo sie schon überall waren. Eigentlich überall! Besonders von Sydney schwärmen sie. *Ach ja, da würde ich auch gerne mal hin! Ich befürchte, dass daraus nichts mehr wird. Jammerschade!!!*

Mit einem leichten Ruckeln legt das Boot ab und unsere kleine Seereise beginnt. Der Ozean ist außergewöhnlich klar und türkisblau. Der warme Wind bläst mir ins Gesicht. Sehr erfrischend! Ich bin glücklich und tiefenentspannt.

Unvermittelt ertönt eine Glocke, gleich darauf ruft einer der Mitarbeiter an Bord: „Morning tea is ready!" Shannon und ich folgen den anderen ins Innere des Katamarans, wo kleine Snacks wie Obst, Käse mit Cracker und Kuchen auf einem Buffet aufgebaut sind. Daneben findet man Kaffee und Tee und unter dem Tisch steht eine Kühlbox mit Kaltgetränken. Wir nehmen uns einen der Pappteller, bedienen uns und setzen uns nach draußen. Die Aussicht auf das offene Meer ist überragend.

Stunden später kommen wir am Whiteheaven Beach an. Die Schönheit dieses Strandes überwältigt mich derart, dass es mir vorerst die Sprache verschlägt. Ich stehe nur stumm da, sehe mich um und versuche mir klarzumachen, dass dies kein Traum ist. Nie zuvor habe ich einen so schönen Platz auf der Welt gesehen. Der Sand ist unglaublich weiß und fein, das Meerwasser glitzert in einem prächtigen Türkisblau. *Wahnsinn! Wahnsinn! Wahnsinn!*

Jemand stupst mich an. „Hey, Miriam! Möchtest du etwa die nächsten zwei Stunden hier stehen bleiben?", feixt Shannon.

„Nein, nein ...", erwidere ich geistesabwesend und drehe mich wie in Trance zu ihr um. „Aber ich muss all die Eindrücke erst mal sacken lassen. Es ist so wunder-wunder-wunderschön hier!"

Auch Shannon strahlt über das ganze Gesicht. „Komm, lass uns baden gehen!"

„Yep, bin schon auf dem Weg!", rufe ich munter, schlüpfe aus meiner Kleidung und eile in Wasser. *Ach, ist das herrlich!* Ich fühle mich wunschlos glücklich. Auch wenn ich mich wiederhole: Die Schönheit dieser Landschaft ist einfach nicht in Worte zu fassen – man muss es selbst gesehen haben!!

Die Crew bereitet inzwischen ein kleines Barbecue vor. Es ist alles bestens durchorganisiert. Wunderbar! Auf dieser einsamen und unbewohnten Insel könnte ich Monate, wenn nicht sogar Jahre verbringen, doch unsere Zeit heute ist leider begrenzt. Nach nur zwei Stunden steht die Rückkehr an. Schweren Herzens verabschiede ich mich von meinem lieb gewonnenen Strandparadies. *See you soon* – das hoffe ich sehr!

Wieder kann ich einen weiteren Punkt auf meiner To-do-Liste abhaken: einen Traumstrand besuchen. *Klasse!*, denke ich erfreut und stelle mir vor, was ich alles verpasst hätte, wäre ich in Deutschland geblieben. Ich habe definitiv die richtige Entscheidung getroffen. *Jawohl!*

\*

*19. März*

Am Sonntag steht ein Familienausflug mit Shannons Eltern zum Eungella Nationalpark an, der achtzig Kilometer westlich von Mackay liegt. Zum wiederholten Male muss ich extrem früh aufstehen. Der Wecker klingelt bereits um Viertel vor fünf Uhr. Das ist eindeutig nicht meine Uhrzeit! Aber bei dem Gedanken, dass wir heute eine Wanderung durch einen Regenwald machen werden, bin ich mit einem Mal hellwach und eine halbe Stunde später fix und fertig geduscht und angezogen.

Sally schaut auf meine weißen Sneakers und runzelt die Stirn. „Hast du kein anderes Schuhwerk dabei?"

Ich lächle verlegen. „Nur Sandalen." *Wer hätte denn ahnen können, dass wir heute in den Regenwald fahren würden?*

„Welche Schuhgröße hast du?"

„Ähm ... 42."

Ihre Augen weiten sich. „42! Du?"

„Ja, ich weiß... ich habe Riesenfüße", erwidere ich und merke, wie ich rot werde.

Sally schaut zu Josh, der am Küchentisch sitzt. „Hast du noch ein paar Wanderschuhe für die junge Lady hier?"

Shannons Vater lacht verschmitzt. „Mit Sicherheit", antwortet er, steht auf und geht zur Garderobe. „Einen Moment."

Ich nicke und warte geduldig. Kurz darauf kommt er mit einem Paar robuster, dunkelbrauner Trekkingschuhe zurück, die zum Schnüren sind. „Die sollten passen."

Wir brechen auf. Josh sitzt am Steuer, Sally auf dem Beifahrersitz, während Shannon und ich uns auf der Rückbank ausbreiten. Nach einer halben Stunde legen wir einen Stopp bei *Hungry Jacks* ein, bestellen im Drive-Thru vier Bacon-Egg-Muffins plus Kaffee für jeden von uns und setzen unsere Fahrt fort. *So kann ein Tag beginnen!*, denke ich fröhlich, als kurz darauf auch noch mein neues Lieblingslied *Down Under* von *Men at Work* im Radio gespielt wird.

Im Park angekommen, beginnen wir unsere Wanderung. Auf dem Weg zu unserem Ziel – eine höher gelegene Aussichtsplattform – laufen wir am Broken River vorbei. Zwar hat Sally angekündigt, dass wir dort mit hoher Wahrscheinlichkeit eine ganze Bande von Schnabeltieren zu Gesicht bekommen würden, aber so recht daran geglaubt habe ich mal wieder nicht. Man kann ja schließlich nicht immer Glück haben!

Als wir wenig später auf einer hölzernen Plattform am Bach eintreffen, sind im Wasser tatsächlich welche zu sehen. „Wow, da sind zwei Schnabeltiere!", flüstere ich aufgeregt in Shannons Ohr, denn auf einem Schild am Flussufer wird darum gebeten, leise zu sein. Wie viele andere Touristen auch, setze ich mich im Schneidersitz auf den Boden und genieße den fantastischen Ausblick. Im Hintergrund ist nur das Rascheln der Blätter zu hören. Welch ein magischer Moment! Ich könnte vor Freude Purzelbäume schlagen.

Nach einer kurzen Pause setzen wir unsere Wanderung fort. Selbstverständlich gibt es hier auch jede Menge Schlangen, Spinnen und andere giftige Tiere, aber ich bin viel zu sehr von der Schönheit des Waldes geblendet, sodass ich mir ausnahmsweise darüber keine allzu großen Gedanken mache.

Als wir schließlich den Aussichtspunkt erreichen, sind wir alle außer Puste. Die Luftfeuchtigkeit im Regenwald ist extrem hoch und die heutigen

Temperaturen erreichen mal wieder ungeahnte Höhen. Nichtsdestotrotz hat sich der beschwerliche Aufstieg gelohnt, denn von hier aus hat man einen fantastischen Rundumblick über den kompletten grünen Regenwald. Ich zücke sofort meine Kamera und knipse ein Foto nach dem anderen.

Im Anschluss legen wir wieder eine Rast ein und lassen uns auf einer Holzbank nieder. Sally holt die Wasserflasche und vier Plastikbecher aus ihrem Rucksack hervor und schenkt jedem von uns etwas ein, während Josh den Proviant aus seiner Tasche kramt. „Apfel oder belegtes Brot?", fragt er in die Runde.

Ich entscheide mich für Ersteres, denn aufgrund der brüllenden Hitze verspüre ich gerade keinen großen Hunger. Ich schlage die Beine übereinander, lehne mich entspannt zurück und beiße in den Apfel. Eines ist sicher: Dieses Wochenende ist ein Knaller, und ich genieße die Zeit mit Shannon und ihrer fürsorglichen Familie in vollen Zügen.

Als wir am Abend wieder in Mackay eintreffen, ist es bereits sechs Uhr, und mir bleibt nicht mehr viel Zeit, um mich frisch zu machen und die letzten Kleinigkeiten in meinen Koffer zu räumen. *Warum gehen die schönsten Stunden im Leben immer so wahnsinnig schnell vorüber?*, frage ich mich, greife nach dem Henkel meines schwarzen Koffers und gehe ins Wohnzimmer, wo die anderen bereits auf mich warten. Eine Viertelstunde später brechen wir zum Flughafen auf. *Ich will nicht!*

Heute kommen sogar Sally und Josh mit. Wann und ob ich sie überhaupt jemals wiedersehen werde, steht in den Sternen. Allein der Gedanke daran lässt mich am ganzen Körper frösteln. *Nein, nein, nein – das ist die falsche Einstellung!* Natürlich werde ich sie wiedersehen, ich muss nur fest daran glauben. Die Frage ist wohl eher: Wann? Vermutlich wird es ein Weilchen dauern, bis sich für mich wieder die Möglichkeit ergibt, nach Australien zu fliegen. Immerhin ist so ein Flug recht kostspielig. Dennoch bin ich fest davon überzeugt, dass es ein Wiedersehen geben wird. Ja, ganz bestimmt!

Als der Moment kommt, an dem wir uns verabschieden müssen, herrscht Weltuntergangstimmung. Wieder einmal heulen Shannon und ich uns die Seele aus dem Leib. Selbst Sally kann uns nicht dazu bewegen, dass wir uns beruhigen. Wir sind untröstlich, und so steige ich nach diesem unvergesslichen Wochenende mit rot verweinten Augen ins Flugzeug.

Es ist sehr still in der Wohnung, als ich in unserer WG in Brisbane eintreffe. Anne und Anda scheinen bereits zu schlafen, und dieses Mal wartet keine Valentina auf mich, um mich freudestrahlend zu empfangen und mich seelisch aufzubauen. *Schade*, denke ich enttäuscht und falle kurz darauf todmüde ins Bett. Nicht einmal meinen Koffer packe ich aus. Ich bin zu erschöpft und traurig und will nur noch schlafen.

*

## 22. März

Seit drei Tagen bin ich nun wieder in Brisbane, und die Schule hält mich momentan ordentlich auf Trab. Etliche Tests wurden angekündigt, daher heißt es lernen, lernen und nochmals lernen, sodass ich gar nicht mehr die Zeit finde, um über den bitteren Abschied in Mackay nachzudenken.

Ich sitze mit meinem Laptop auf dem Balkon, eine laue Brise weht mir durchs Haar, und ich verfasse mal wieder einen neuen Post auf meiner Webseite. Um ehrlich zu sein, bin ich in letzter Zeit viel zu selten online. Kontakte aufrechtzuerhalten, allen immer direkt zu antworten und nebenbei einen Blog zu führen, ähnelt schon fast einem Fulltime-Job – aber momentan fehlt mir die Zeit dafür! Meine Tage in Brisbane sind immerhin gezählt und ich versuche, die verbleibenden Wochen in vollen Zügen zu genießen. Dennoch nehme ich mir heute die Zeit, um mal wieder ein Lebenszeichen von mir zu geben.

*Blogeintrag vom 22. März:*

Thema: Fettnäpfchen in Australien

Hallo zusammen,
heute möchte ich Euch ein bisschen über Fettnäpfchen und das das richtige Verhalten gegenüber Australiern erzählen. Anbei ein paar Facts:
Nicht vordrängeln! – Ein absolutes No-Go in Australien! Australier sind sehr geduldige und wohlerzogene Menschen.

Keine Diskussionen über die Ureinwohner – die Aborigines – beginnen. Das kann schnell schiefgehen, denn die frühere Geschichte des Landes, geprägt von Vorurteilen und Nichtwissen, ist ein heikles Thema.

Wenn man einen Supermarkt mit einem Rucksack oder einer größeren Handtasche betritt, sollte diese an der Kasse unaufgefordert geöffnet vorgezeigt werden. Das macht jeder so.

Bei privaten Gesprächen sollten berufliche und geschichtliche Themen vermieden werden – das mögen die Australier überhaupt nicht! Sport ist stets ein beliebtes Small-Talk-Thema in Australien.

Trinkgeld zu geben ist allgemein nicht üblich. Wenn doch, da es uns Deutschen vermutlich unhöflich erscheint, nichts zu geben, sollten es nicht mehr als zehn Prozent sein.

Das Lieblingsgetränk der Australier ist Bier. Es kommt stets gut an, wenn man ein Sixpack als Gastgeschenk zum BBQ-Abend mitbringt oder mal eine Runde Bier ausgibt, wenn man abends mit Freunden im Pub unterwegs ist. Das ist hier so üblich!

Oben ohne am Strand ist verboten!

So, das war`s mal wieder von mir.
Dann ... bis (sehr) bald!!!
Liebe Grüße, Miriam

Danach klappe ich mein Laptop zu und krame meine Schulsachen heraus. Jetzt gilt es, für *Australian Fares and Ticketing* zu lernen. Augen zu und durch!

*

*28. März*

Heute am Dienstag erfahren wir unsere Bewertungen. Ich kann aufatmen, denn ich habe tatsächlich sämtliche Tests, die am letzten Freitag geschrieben wurden, bestanden!

Momentan nehmen wir etwas sehr Sonderbares im Unterricht durch, das ich ausnahmsweise schon längst beherrsche – und das gibt's nicht allzu oft. Umso amüsanter ist es für mich, zu beobachten, wie schwer sich die australischen und amerikanischen Studierenden damit tun. Jetzt haltet euch fest: Wir lernen die 24-Stunden-Uhr. Hier in Australien gibt es nämlich, wie in vielen anderen englischsprachigen Ländern auch, eine 2-mal-12-Stunden-Zählung. Das heißt, es beginnt stets bei eins und endet bei zwölf und wird mit *a.m.* (*ante meridiem*, also Mitternacht bis Mittag) beziehungsweise *p.m.* (*post meridiem*, also Mittag bis Mitternacht) unterschieden. Die 24-Stunden-Zählung ist ihnen fremd, jedoch für die Tätigkeit am Flughafen von hoher Bedeutung.

Nach der Besprechung der Uhrzeiten bekommen wir ein Arbeitsblatt ausgehändigt. Ich könnte mich vor Lachen kringeln, als ich die Aufgabenstellung durchlese. In der linken Spalte stehen jeweils die australischen Uhrzeiten, zum Beispiel 5 p.m. oder 11 p.m. Dahinter soll die Uhrzeit in Form der 24-Stunden-Zählung geschrieben werden. *Pipifax*, denke und beginne, die Aufgaben nacheinander zu lösen:

*5 p.m. ist 17 Uhr*
*11 p.m. ist 23 Uhr ...*

In null Komma nix bin ich fertig, und meine Sitznachbarin schaut mich entgeistert an. „Wie kannst du so schnell sein?"

Ich muss schmunzeln und zucke die Schultern. „Es ist wie das Einmaleins in mir drin."

Kopfschüttelnd wendet sie sich von mir ab. Einigen der australischen Studierenden scheint das Hochrechnen sehr schwer zu fallen. Sie scheinen zu kompliziert zu denken und stellen dabei die verrücktesten Rechenoperationen an.

Ich lehne mich entspannt zurück. Das nenne ich mal 'ne lockere Schulstunde! *Seufz.* So müsste das immer sein!

## ACHTER TEIL:
## APRIL – COUNTDOWN: DIE LETZTEN 30 TAGE

*2. April*

Mein letzter Monat in Brisbane bricht an: April. Zugleich beginnt die Wintersaison in Australien. Obwohl Winter hierfür wohl eindeutig das falsche Wort ist. Die unerträgliche Hitze, die hier tagsüber herrschte – Temperaturen bis zu vierzig Grad Celsius –, all das hat jetzt ein Ende. Angenehme fünfundzwanzig bis dreißig Grad Celsius bescheren uns jetzt herrlich sonnige Tage.

\*

Von der Vermieterin – eine kleine korpulente Dame mit grauer Wuschelfrisur um die fünfzig – erfuhr ich letztens, dass sie eine Nachmieterin für meine Ex-Zimmerbewohnerin Valentina gefunden hat. Für einen Moment hielt ich da die Luft an, denn insgeheim hatte ich gehofft, dass ich bis zum Auszug Ende April keine neue Bettnachbarin mehr bekommen würde.

Wie ich dann erfuhr, sind es zwei Freundinnen, die zusammen zum 1. Mai einziehen möchten, und ich konnte aufatmen. Bis dahin würde das zweite Bett in meinem Zimmer also frei bleiben. Da konnte ich mir ein Grinsen nicht verkneifen, was unserer Vermieterin natürlich auch nicht verborgen blieb. „Du scheinst die Ruhe in deinen eigenen vier Wänden wohl sehr zu genießen, oder?", fügte sie grinsend hinzu. „Es soll dir gegönnt sein, Miriam."

„Ähm ... ja ... danke", stammelte ich und verabschiedete mich; zugleich war ich erleichtert, endlich Klarheit zu haben, dass ich mir auch in den letzten Wochen das Zimmer mit keiner Fremden teilen müsste. Das waren eindeutig gute Nachrichten!

Außerdem befinde ich mich jetzt nach wie vor im Bewerbungsstress. Ich habe mich unter anderem in verschiedenen Hotels, am Flughafen und in einigen Reisebüros beworben. Meinen Traum, als Flugbegleiterin zu arbeiten, den werde ich mir eines Tages auch noch verwirklichen, doch es scheint mir, als wäre der richtige Zeitpunkt dafür noch nicht gekommen. Ich hatte es versucht, aber nur Absagen erhalten. Es ist so, als solle es nicht sein ... oder *noch* nicht?

Zuhause erwartet mich erst einmal ein Marathon an Vorstellungsgesprächen. Die Resonanz auf meine Bewerbungen für eine Ausbildung fiel überaus positiv aus. Die ersten Telefoninterviews habe ich bereits hinter mich gebracht – mit Erfolg! Als nächster Schritt stehen persönliche Gespräche an. Mein Terminkalender für die ersten Wochen nach meiner Rückkehr platzt schon jetzt aus allen Nähten. Das wird mit Sicherheit eine aufregende Zeit. Momentan versuche ich mich, so gut es geht, darauf vorzubereiten, indem ich mögliche Fragen durchgehe.

Nebenbei fand ich letztens im Sale einen schicken kurzen schwarzen Blazer inklusive eines knielangen Rocks. Privat stehe ich zwar eher auf Jeans und sportliche Shirts, aber mir ist bewusst, dass man zu einem Vorstellungstermin niemals underdressed erscheinen sollte. Ein positiver erster Eindruck ist das A und O.

\*

## 9. April

Ich nehme mir mein schwarzes Adidas-Top und ein paar Shorts aus dem Schrank und ziehe mich an. Meine Haare binde ich heute zu einem Pferdeschwanz zusammen. Im nächsten Augenblick klingelt es an der Tür. Das muss Valentina sein! Ich eile zur Tür und begrüße sie mit einem Küsschen auf die Wange.

„Bist du bereit?", fragt sie.

„Bereit", bestätige ich, schlüpfe in meine weißen Sneakers, schnalle mir meinen Rucksack auf den Rücken und folge Valentina nach unten.

Nervös schaue ich zum wiederholten Mal auf meine dunkelblaue Armbanduhr. Es ist kurz nach acht. Die sollten schon seit genau sechs Minuten geöffnet haben, so steht es zumindest auf dem Schild an der Tür geschrieben: *Sonntags ab acht Uhr geöffnet.* Wir stehen vor dem Fahrradverleih

*Williams* und wollen uns ein Mountainbike ausleihen. Es ist eine Fahrradtour geplant, unser Ziel ist der Mount Coot-tha-Aussichtspunkt, der ungefähr eine Stunde von Downtown entfernt liegt. Angeblich hätte man von dort aus einen phänomenalem Rundumblick über Brisbane und die umliegenden Gegenden. Das wollen wir uns nicht entgehen lassen!

Endlich tut sich was. Jemand öffnet die Tür. Das wurde aber auch allmählich Zeit, denn inzwischen ist es Viertel nach acht. Ja, ich muss zugeben, dass ich manchmal etwas ungeduldig sein kann, wobei sich das im Allgemeinen schon gebessert hat, seit ich hier bin. Die Übergabe der Räder verläuft zumindest reibungslos ab, sodass wir zehn Minuten später bereits unterwegs sind. Der Himmel ist mal wieder wolkenklar, wie an so vielen Tagen in Brisbane und jetzt am Morgen ist es sogar noch recht angenehm kühl – wunderbar!

*Fahren alle Koreaner so verrückt Fahrrad?*, frage ich mich, als ich meine Freundin in ihrem roten Tanktop und schwarzen Shorts vor mir beobachte, die in wilden Schlangenlinien fährt. Da kann ich ja kaum hinsehen. „Valentina, bitte sei vorsichtig und versuche, nicht so mittig auf der Straße zu fahren", rufe ich.

„Hä ... ich fahre doch normal. Was willst du eigentlich, Miriam?"

*Bitte?* Dieses Hin- und Herschwenken nennt sie normal, inzwischen frage ich mich echt, wie oft sie überhaupt schon Fahrrad gefahren ist. Ihr Fahrstil ist mehr als fragwürdig. Nun ja, ich habe sie gewarnt und halte vorerst meinen Mund. Außerdem ist sie doch alt genug, um selbst zu wissen, was gefährlich ist und was nicht, oder?

Puh, ich komme gerade ordentlich ins Schwitzen. Seit geraumer Zeit geht es nur noch bergauf und es ist kein Ende in Sicht. Vielleicht habe ich mir da doch zu viel zugemutet. „Du schaffst das! Nicht absteigen!", ermuntere ich mich selbst. „Denk an die schöne Aussicht. Weiter, weiter, weiter!" Auch Valentina scheint bereits zu kämpfen. Und dann auch das noch: Schnappatmung setzt bei mir ein. Ich bin völlig außer Puste, doch was sehe ich da vorne? Ich glaube, wir sind gleich da. Ja, ja, ja ... das muss der Aussichtspunkt sein! Das Ziel so nah, reiße ich mich am Riemen, gebe nochmals Vollgas und Minuten später jauchze ich freudestrahlend: „Geschafft!" Tatsächlich sind wir am Zielort angekommen, und das heil, wenn auch komplett außer Atem.

Auf einer Holzbank lassen wir uns erschöpft sinken, die Fahrräder stellen wir daneben ab. In meinem Rucksack wühle ich nach meiner Wasserflasche, ich bin halb verdurstet.

Valentina streckt ihre Beine aus. „Das war Extremsport! Manometer, was bin ich erledigt", stöhnt sie und wischt sich mit einer Hand über die Stirn.

Ich muss kichern. „Wir sind ja so was von so unsportlich!", entgegne ich und beobachte das Treiben der Leute. Es sind vor allem Touristen zu sehen – das ist die Sorte von Menschen, die unentwegt von allem und jedem Fotos knipsen, schlichtweg weil sie jeden noch so kleinen Moment ihrer Reise auf einem Foto für die Ewigkeit festhalten wollen. *Nun ja, da gehöre ich wohl (leider!) auch dazu. Mein Spitzname ist nämlich Papparazzi, da ich stets so viele Fotos schieße.*

„Ich schaue mir mal die Aussicht aus der Nähe an", meint Valentina. „Kommst du mit?"

„Klaro", antworte ich zustimmend, stehe auf und schnalle mir meinen Rucksack wieder auf den Rücken.

Die Aussicht auf Brisbane ist ohne Zweifel sensationell. „Wahnsinn!", hauche ich fassungslos. Von hier aus könnte man glatt denken, dass sich da vorne vor uns New York erstreckt. Mir war gar nicht bewusst, dass in der Stadt so viele Skyscraper in den Himmel ragen. Total schön – das *muss* man gesehen haben!

Die Anlage um den Aussichtspunkt wirkt allgemein sehr sauber und gepflegt, außerdem gibt es ein schnuckliges Café. Die Preise sind zwar etwas überteuert, aber dafür bekommt man ja den superschönen und unbezahlbaren Ausblick geboten. Unser Resultat: Daumen hoch – sehr empfehlenswert!

Ungefähr eine Stunde später treten wir die Heimfahrt an. Zum Glück geht es jetzt erst einmal bergab. Welch ein Luxus! Der Fahrtwind ist eine Wohltat. So lässt es sich leben.

Die mittige Fahrweise meiner Freundin gefällt mir auch bei der Rückfahrt so ganz und gar nicht. Nachdem ich sie ein zweites Mal darauf angesprochen habe, bekam ich eine patzige Antwort zurück: „Mensch, ich bin kein Kind mehr. Bitte führ dich nicht wie meine Mama auf. Das nervt!"

*Na gut, das war klar und deutlich!* Einen Versuch war es wert. Im nächsten Moment überholt mich ein rasantes silberfarbenes Auto. *Schickes Cabrio*, denke ich. Als ich meinen Blick wieder nach vorne richte, zucke ich augenblicklich zusammen. Ich sehe Valentina, die mal wieder Zickzacklinien fährt. Verdammt, was macht sie da? Sieht sie denn nicht das vorbeifahrende Auto? Sie muss sich links halten – hier herrscht Linksverkehr!!!

„Achtung!", schreie ich so laut, wie ich kann. *Auweia!!!* „V-A-L-E-N-T-I-N-A!!!" In Gedanken sehe ich bereits den Crash ablaufen. Mein Atem stockt.

In letzter Minute kann Valentina, gerade noch rechtzeitig, nach links ausweichen und steht jetzt mit ihrem Bike am Straßenrad.

Ich halte sofort an und steige vom Sattel ab. „Mann! Bist du okay?", frage ich mit bebender Stimme. Der Schock sitzt mir immer noch tief in den Knochen.

Sie schaut mich mit großen Augen an. „Das wäre um ein Haar schiefgegangen. Hättest du mich nicht gewarnt, ...", stammelt sie. „... wer weiß, was dann passiert wäre."

Ich atme einmal tief durch und nehme meine Freundin in den Arm. *Ich habe es dir doch gesagt!*, bestätige ich mir selbst, doch diesen Kommentar verkneife ich mir.

Eine Viertelstunde später setzen wir unsere Tour fort. Der Vorfall scheint meiner Freundin eine Lehre gewesen zu ein, denn mit einem Mal verbessert sich ihr verrückter Fahrstil und wir kommen eine Dreiviertelstunde später wieder sicher und gesund daheim an.

Zuhause springe ich unter die Dusche und mache mir im Anschluss einen leckeren gesunden Salat mit Thunfisch, Zwiebeln und Käse zum Mittagessen. Anda leistet mir mit einem Glas frisch gepressten Orangensaft auf dem Balkon Gesellschaft und ich erzähle ihr von der turbulenten Radtour.

„Das überrascht mich nicht, dass die Fahrkünste von Valentina zu wünschen übrig ließen", meint sie und nippt an ihrem Glas. „Soviel ich weiß, fährt man in Seoul nicht viel Fahrrad. Das hat dort einfach keinen hohen Stellenwert und der Autoverkehr ist dort auch viel zu dicht."

Ich spieße etwas Salat auf. „Ach so", murmle ich. „Das ergibt Sinn."

Anda grinst. „Wie sagt man so schön: andere Länder, andere Sitten."

„Oh ja", nuschle ich nachdenklich. Eines steht fest: Ich weiß *noch immer* viel zu wenig über andere Kulturen.

Kurz darauf verabschiedet sich Anda. Sie müsse noch das eine oder andere für die Schule erledigen. Japaner sind ohne Frage sehr disziplinierte Menschen und megafleißig. *Respekt!*

Ich hole meinen Laptop hervor. Was würde ich nur ohne das Ding machen? Unvorstellbar! Mal schauen, ob jemand online ist. Hm ... in meiner Freundesliste im Chatbereich blinkt nur *ein* grüner Punkt auf. Ooh... es ist Marc, mein Ex-Freund aus New York. Ob ich ihn anschreiben soll? Ja, warum nicht.

*Hallo, Marc! Wie geht es Dir?*

Ich warte und warte, doch es kommt keine Antwort zurück. Das war ja klar, solch ein Feigling! „Mensch, das war eine wirklich doofe Idee, ihm so impulsiv zu schreiben", beschwere ich mich bei mir selbst und will mich gerade wieder ausloggen, als mein guter Kumpel Marcelo plötzlich online ist und mich direkt anschreibt. Wir beide sind sehr dicke miteinander, stets für den anderen da, auch wenn uns mehrere tausend Kilometer voneinander trennen.

*Hey, Miriam! Was gibt es Neues in Down Under?*

*Ruhe mich gerade von einer anstrengenden und ereignisreichen Radtour auf unserem Balkon aus,* antworte ich.

*Cool.*

*Und du?,* tippe ich.

*Ich fahre gleich mit ein paar Kumpels in die City. Wir wollen im Pacha-Club abfeiern gehen.*

*Ach ja, bei euch ist es ja noch Samstagnacht,* schicke ich ab und stelle mir die glitzernd-funkelnde Skyline von Manhattan vor. Da kommen plötzlich viele alte Erinnerungen hoch. Und da ist es auch wieder, dieses Gefühl – die starke Sehnsucht nach New York in mir, sie macht sich wieder mal bemerkbar. Seufz.

*Hört sich gut an,* antworte ich. *Kann ich mit?,* spaße ich.

*Wann kommst du eigentlich mal wieder nach New York?,* will er wissen. *Ich vermisse dich!*

*Ich dich auch ... sogar sehr,* denke ich wehmütig und schreibe: *Ich hoffe bald.*

*Was heißt bald? Diesen Sommer?*

Ich schnaufe einmal laut und tippe: *Ach ... Marcelo, ich wünschte es wäre diesen Sommer möglich, aber momentan steht meine Zukunft in den Sternen. Ich habe ehrlich gesagt keine Ahnung, was mich zu Hause erwarten wird und wie es dann weitergehen wird. Aber eines ist gewiss, ich komme sobald wie möglich!*

*Okay.*

In der nächsten halben Stunde erzählt er mir von den Neuigkeiten aus

New York und ich berichte von der Schule, meiner Jobsuche und dem Leben in Brisbane. Es tut gut, mit ihm zu reden.

Den restlichen Nachmittag verbringe ich gemütlich am Pool. Gegen Abend treffe ich Anne, mit der ich mir den neuen Johnny-Depp-Film im Kino anschaue, bevor morgen bereits wieder eine neue Schulwoche beginnt.

*

## 10. April

Der Countdown läuft, jetzt sind es tatsächlich nur noch zwanzig Tage. Mein Abenteuer neigt sich langsam dem Ende zu und ich kann schon jetzt sagen, dass ich keine einzige Minute meines Aufenthaltes bereue.

Ob ich gerne länger geblieben wäre? Gute Frage! Es war definitiv eine wunderschöne Zeit und ich werde die neugewonnenen Freunde und die traumhaft schönen Landschaften in Down Under mit Sicherheit vermissen, doch es zieht mich zugegebenermaßen auch stark nach Hause. Ich bin zu dem Entschluss gekommen, dass ich nun lang genug von meiner Familie getrennt gelebt habe. Ich habe plötzlich Sehnsucht nach Deutschland und freue mich, Familie, Freunde und Bekannte wiederzusehen. Sie sind mir nämlich *auch* wichtig.

Nach der Schule mache ich heute einen Abstecher in die Stadtbibliothek. Dort könnte ich mich stundenlang aufhalten. Am liebsten stöbere ich durch die endlosen Regale und verliere mich in vielen anderen Welten. Hier in Brisbane finde ich seit langem mal wieder die nötige Ruhe und Zeit, um zu lesen. Vor allem an meinen Abenden sitze ich immer gerne mit einem selbstgemixten Smoothie und einem guten Roman auf unseren Balkon und genieße die frische Abendluft.

*

## 15. April

Die Wochen verstreichen gerade in Rekordzeit. Heute, am Samstagabend, treffe ich mich Valentina in einem schönen Restaurant in der Fußgängerzone. Während ich am Eingang warte, krame ich mein weinrotes Strickjäckchen aus meiner beigefarbenen Handtasche. Abends kühlt es seit Neuestem superschnell ab, weshalb ich das Jäckchen über mein dunkelblaues schulterfreies Kleid ziehe.

Wir begrüßen uns mit einer Umarmung und bekommen direkt einen runden Tisch für zwei Personen unter einem großen Baum zugewiesen. Valentina sieht mal wieder super aus – wie immer!

Die Spezialität des Hauses sind australische Meat Pies, die in allen möglichen Variationen serviert werden. Ich entscheide mich für die Classic-Version, Valentina hingegen nimmt einen Pie mit zusätzlich Käse und Pilzen.

Nachdem wir bestellt haben, erkundige ich mich nach ihrem Termin beim Konsulat. „Hat das mit der Verlängerung deines Visums geklappt?", hake ich nach. Ursprünglich wäre Valentinas Aufenthalt Mitte April, also jetzt, zu Ende gegangen. Da sie sich jedoch entschieden hatte, noch einen weiterführenden Kurs zu besuchen, musste auch ihr Visum verlängert werden.

Sie nickt und strahlt dabei. „Es war alles total easy. Ich musste auch gar nicht lange warten. Die nette Dame am Schalter stellte mir ein paar oberflächliche Fragen, danach musste ich ihr meine ausgefüllten Bögen vorlegen und eine halbe Stunde später war bereits klar, dass ich das neue Visum ausgestellt bekommen würde. Den Pass haben sie vorerst dortbehalten. Kommende Woche werden sie ihn mir inklusive meines neuen Visums zusenden."

„Klasse!", rufe ich begeistert und werfe mein langes braunes Haar in den Nacken.

Sie lächelt zustimmend. „Ich hatte selbst nicht erwartet, dass es so unkompliziert sein würde. Ich kann dir gar nicht sagen, wie sehr ich mich darüber freue, bei Viktor bleiben zu können. Ich glaube, er ist mein Mr. Right!"

„Muss Liebe schön sein", lache ich. „Ich freue mich für dich."

Im nächsten Moment wird das Essen serviert. Das ging schnell! Ich beiße genüsslich von meinem goldbraunen Meat Pie ab. *Hmmm... lecker*, denke ich und schwebe auf der kulinarischen Wolke sieben. „Es wird ein harter Entzug werden, so ganz ohne meine Fleischtörtchen!", scherze ich, doch die Wehmut ist echt, denn ich werde es wirklich vermissen.

„Hihihi. Ja, kann ich gut nachvollziehen, die sind einfach total köstlich!"
Den restlichen Abend lassen wir in unserem Lieblings-Pub um die Ecke ausklingen. Vor uns erstreckt sich eine lange Theke aus hellem Holz. Das Licht im Raum ist abgedunkelt, drum herum sind viele kleine Tischgruppen vorzufinden. Die Möbel sind ebenso aus hellem Holz und die Sitzkissen mit rotem Leder überzogen, und gezapftes Bier wird hier in Massen vertilgt.

Die kleine Tanzfläche in der Mitte des Raumes gehört heute uns! Längst habe ich mich auch an den Musikstil der Australier gewöhnt. Wenn ab und zu mal ein australischer Country-Song gespielt wird, tanze ich inzwischen einfach weiter. Wie meinte Valentina letztens: Ich würde immer mehr die australische Mentalität annehmen und deren Lebensmotto: *Life is good! Take it easy!* verinnerlichen und ganz danach leben.

*

### 29. April

Mein letzter richtiger Tag in Brisbane geht dem Ende zu und meine Emotionen fahren Achterbahn. Ich bin etwas durch den Wind. Mal ist mir zum Heulen zumute, im nächsten Moment laufe ich wieder mit einem Dauergrinsen durch die Gegend.

In der Schule bekam ich gestern – am Freitag – mein Abschlusszeugnis ausgehändigt. Ehrlich gesagt bin ich auf meine Leistungen ausgesprochen stolz. Ich durfte in den letzten Monaten unglaublich viel lernen: neben den typischen Tätigkeiten in einem Reisebüro oder am Flughafen – also Ticketing, dem Führen von Verkaufsgesprächen, der Buchung von Reisen im Reservierungssystem und der Verwendung der IATA-Codes – habe ich auch das 10-Finger-Schreiben, den professionellen Umgang mit Word, PowerPoint, Excel und Access erlernt. Außerdem wurden auch Themen durchgenommen, die für das spätere Berufsleben von großer Bedeutung sein werden: Teamwork, der Umgang mit Klienten, die Kommunikation untereinander und die wichtigsten Grundkenntnisse der Buchhaltung. Alles in allem sehe die Zeit am College als große Bereicherung an.

Heute gegen späten Nachmittag beginne ich zu packen. Ehrlich gesagt bin ich spät dran, aber irgendwie kam ich die letzten Tage nicht dazu. Ich war stets on tour, außerdem habe ich mich wahrscheinlich davor gedrückt, weil es mich doch emotional stimmt.

Ich bücke mich, um meinen Koffer unter dem Bett hervorzuholen. So, jetzt werden die Schubladen und auch mein Kleiderschrank geleert. Eigentlich war ich der Meinung, dass ich in den letzten Monaten nicht viel eingekauft hätte, doch da scheine ich mich gewaltig getäuscht zu haben. *Wie soll das alles da bloß reinpassen?*, frage ich mich und blicke auf meinen Koffer. Was erwarte ich? Wer eins plus eins zusammenrechnen kann, dem wird schnell klar, dass das auf keinen Fall klappen kann. Ich kam ja immerhin bereits mit einem vollen Gepäckstück hier in Brisbane an und jetzt kommt sozusagen nur noch weiterer Ballast hinzu.

Ich verdrehe genervt die Augen und beginne strikt auszusortieren. Das eine oder andere ausgewaschene Top wird entsorgt und auch zwei Paar Sandalen, die recht mitgenommen aussehen, lege ich zur Seite. *Das olle Badetuch kann hierbleiben*, denke ich und werfe es zu den anderen Sachen auf mein Bett, die später im Müll landen werden. Langsam komme ich voran und Stunden später ist es in der Tat vollbracht. Mein Koffer ist gepackt. Applaus, bitte!

\*

Ich hasse Abschiede! Mehr als alles andere auf dieser Welt. Doch nun ist es mal wieder soweit. Von Chai und Luis habe ich mich bereits Vorgestern verabschiedet. Jungs machen ja gerne auf cool, anstatt zu zeigen, dass sie traurig sind. So war es auch bei den beiden, sie alberten herum. Letztendlich war es dadurch ein kurzer und schmerzloser Abschied, was mir zugegebenermaßen auch ganz recht war.

Tja … und mein Vorhaben, meine Gastfamilie nach meinem Auszug regelmäßig zu besuchen – daraus wurde irgendwie doch nichts. Ein Treffen in vier Monaten – das geht auch besser, ich weiß! Trotz dessen wollte ich mich nun am Ende meines Aufenthaltes gerne persönlich von Ihnen verabschieden. Da ich sie telefonisch nicht erreichen konnte, fuhr ich an einem meiner letzten Tage in Brisbane direkt nach der Schule mit dem Bus dorthin. Doch nach mehrmaligen Klingen, stand ich vor verschlossener Tür. *Mist, sie waren wohl verreist!*

Ich öffnete meinen Rucksack und zog meinen Collegeblock heraus, danach setzte ich mich ins weiche Gras in den Vorgarten und begann zu schreiben, dass ich da gewesen war und mich verabschieden und auch nochmals Danke hatte sagen wollte. Es sind nur ein paar Zeilen, nicht viel, aber besser als gar nichts. Zusammengefaltet warf ich die kurze, handgeschriebene Nachricht in den weißen Briefkasten vor dem Haus und begab mich im Anschluss wieder zur Bushaltestelle. *Das war wohl nix! Schade!*, dachte ich enttäuscht, als ich auf den Stadtbus wartete.

Meinen letzten Abend in Brisbane verbringe ich mit meinen Mädels – Valentina, Anne und Anda – in unserer WG. Wir kochen zusammen: Karotten-Zucchini-Pfannenkuchen. Das Rezept habe ich von meinem Vater. Kaum zu glauben, dass ich ihn und den Rest der Familienbande bald wiedersehen werde. Das wird schön! Doch zunächst muss ich noch diesen verdammten Abend hinter mich bringen. Das hört sich nun so negativ an: *Hinter mich bringen!?* Aber Abschiede belasten mich einfach sehr. Ich möchte diesen Moment auch gar nicht allzu lange hinauszögern.

Nach dem Essen liegen wir uns schniefend in den Armen, Worte sind überflüssig. Wir wissen genau, was der andere fühlt und denkt. Ich versuche, für die Zeit, die ich mit ihnen zusammen hatte, dankbar zu sein. Sie haben mir so viel über andere Kulturen vermittelt.

\*

### 30. April

Ich schlüpfe in meine Bluejeans und ein sportliches T-Shirt in der Farbe Rot und packe die letzten Sachen in mein Handgepäck. Heute steht der Heimflug an. Allmählich macht sich die Nervosität bei mir bemerkbar und ich wünschte, ich könnte den 24-Stunden-Flug irgendwie überspringen. Ein Upgrade in die Business-Class zu bekommen, das wäre klasse, so wie beim Hinflug – doch das wird wohl eine einmalige Sache bleiben, und ich muss mich damit abfinden, dass ich in der Holzklasse reisen werde. Mir graut es schon jetzt davor, denn ich kann in sitzenden Zustand immer nur schwer schlafen, vor allem, weil die Reihen so eng sind – Beinfreiheit kann man da vergessen.

Kurz darauf klingelt es an der Tür. Es ist der Taxifahrer, der mich zum Flughafen bringen wird. Jetzt wird es ernst! Ein letzter wehmütiger Blick zurück, danach ziehe ich die Wohnungstür hinter mir zu. *„Goodbye Australia! Es war eine schöne Zeit!"*, murmle ich vor mich hin und schleppe mein Gepäck zum Wagen.

\*

Ich bin in Singapur! Der erste Teil der Reise ist geschafft. Ich hatte Glück, denn der Flieger war nicht komplett ausgebucht, somit hatte ich eine ganze Reihe – vom Fenster bis zum Gang – mit insgesamt drei Sitzplätzen für mich allein. Das war klasse!

*So müsste das immer sein, dass man so viel Platz für sich hat*, denke ich, als ich bei McDonalds am Flughafen sitze und mir einen Cheeseburger reinziehe. Dieses Mal ist mein Aufenthalt nicht ganz so arg lange, in eineinhalb Stunden beginnt bereits das Boarding für meinen Flug nach Deutschland. In der Zwischenzeit vertrete ich mir meine Beine und schaue ich mich ein bisschen um. Bald darauf geht es aber schon wieder weiter.

Ich sitze! Noch weitere zwölf Stunden, dann habe ich es *endlich* geschafft und betrete wieder heimischen Boden.

\*

*1. Mai*

Nach einem langen und anstrengenden Rückflug landet die Maschine mit einer Stunde Verspätung am Frankfurter Flughafen. Angeblich hätte es am Cleaning und Catering gelegen, und dann musste auch noch ein Gepäckstück wieder ausgeladen werden, da ein Passagier, der bereits eingecheckt war, nicht aufgetaucht ist. Aber jetzt sind wir ja zum Glück endlich am Zielort angekommen.

Ich saß in der Mitte eines Mittelblocks. Der absolute Horror! Nachdem der Vordermann seine Rückenlehne nach hinten gerichtet hatte, kam ich noch nicht mal mehr an meine Handtasche dran, die auf dem Boden vor mir stand. Ich versuchte zu schlafen, leider erfolglos. Nach einer Weile begann dann auch noch mein Rücken zu schmerzen. Daher könnt ihr euch vermutlich gut vorstellen, wie heilfroh ich war, endlich gelandet zu sein.

Es ist jetzt sechs Uhr und ich begebe mich im Eiltempo zur Gepäckausgabe. Mein Vater und Markus, der Mann meiner Schwester, die mich abholen wollen, sind vermutlich schon längst da und warten ungeduldig auf mich. Der Rest der Familie ist aufgrund der frühen Ankunft daheim geblieben, was ich ihnen absolut nicht übelnehme. Wer steht schon gerne mitten in der Nacht auf? Ich vermute, dass mein Vater und Markus bereits gegen vier Uhr aufgebrochen sind, um mich heute am Frankfurter Flughafen abzuholen.

Ich freue mich ungemein auf das Wiedersehen. Eigentlich wollte ich mich nach der Ankunft in Deutschland nochmal schnell auf der Flughafentoilette frisch machen, doch aufgrund der einstündigen Verspätung entscheide ich mich dazu, es sein zu lassen. Ich will meinen Vater und Markus nicht noch länger warten lassen. Nun ist es nicht zu übersehen, dass ich in den letzten vierundzwanzig Stunden kaum geschlafen haben, denn ich sehe total zerknautscht aus. Meine glatten Haare hängen platt und ohne jegliches Volumen an mir herunter, im Gesicht zeichnen sich dunkle Augenringe ab und ich habe das dringende Bedürfnis, unter eine Dusche zu hüpfen. Da das nicht geht, parfümiere ich mich mit meinem Duftwasser ein, während ich an der Gepäckausgabe stehe und warte. *Besser als gar nichts.* Als ich kurz darauf meinen Vater entdecke, ist die Wiedersehensfreude groß, *sehr* groß! Er trägt einen olivgrünen Parka und eine dunkle Jeans. Ja, das ist *mein* Dad!!! Ich renne euphorisch auf ihn zu, schlinge meine Arme um ihn und halte ihn ganz fest. Ein vertrauter Duft steigt mir in die Nase. In dem Moment wird mir erst bewusst, wie sehr ich meinen Paps vermisst habe und ich bin den Tränen nahe.

Auch Markus, der Mann meiner Schwester, wird voller Freude und mit einem großen Grinsen von mir begrüßt. Er hat seine langen Haare wie immer mit einem Zopfgummi zusammengebunden und trägt eine dunkelblaue Abercrombie-Stoffjacke. „Es ist so schön, euch wiedersehen!", quietsche ich begeistert.

„Hallo Miriam. Willkommen in der Heimat", höre ich ihn sagen.

„Danke!"

„Du musst mir alles von Lina, deiner Tochter, erzählen. Du musst ja solch ein stolzer Papa sein." Ich rede wie ein Wasserfall. „Wie geht es Lina? Wie waren die ersten Monate mit ihr? Kann sie sich schon drehen?"

„Moment, Moment", unterbricht er mich mit einem herzhaften Lachen. „Eins nach dem anderen, bitte!"

Ich muss schmunzeln. Wie recht er hat, immerhin haben wir jetzt alle Zeit der Welt.

Im nächsten Moment, als wir durch eine Glastür nach außen marschieren, um zum Parkplatz zu kommen, kommt mir eiskalte Luft entgegen. Augenblicklich schlage ich meine Arme um den Oberkörper. „Brrr, ist das kalt hier!", stöhne ich laut. Gänsehaut macht sich bemerkbar. „Boah, ich hatte ganz vergessen, wie kalt es in Deutschland sein kann."

Mein Vater schaut mich kritisch an. „Kein Wunder, wenn ich mit solch einem dünnen kurzärmeligen Hemdchen herumlaufen würde, würde ich ebenso frieren", und bietet mir seine Jacke an.

Ich lehne dankend ab, da das Auto meines Vaters bereits in Sichtweite ist.

Wir steigen ein und jetzt geht es erst mal über die Autobahn nach Hause. Der Himmel ist grau und es nieselt. *Das ist Deutschland!*, denke ich mit einem Schmunzeln im Gesicht und beginne von der Rückreise zu berichten. Daheim werde ich mit einem liebevoll gedeckten Frühstückstisch willkommen geheißen. Als ich die knusprigen Kaiserbrötchen im Brotkorb entdecke, läuft mir das Wasser im Munde zusammen. Ich musste mich in Australien, genauso wie schon in den USA, mit läppischem Toastbrot herumschlagen. Ich kann es mittlerweile nicht mehr sehen. Möchte vielleicht noch jemand meinem *Anti-Toastbrot-Club* beitreten?

Meine Mami hatte mich direkt an der Haustür abgefangen. Sie hat sich äußerlich kein bisschen verändert; die Freude, sie wiederzusehen und in meine Arme schließen zu können, ist nicht in Worte zu fassen. Ich bin überwältigt und fühle mich ausnahmslos glücklich.

Die ganze Familie kommt für das Frühstück zusammen, so auch mein Bruder sowie meine Schwester mit ihrer Tochter. Ich begrüße sie mit einer überschwänglichen Umarmung und lerne dann Lina kennen. Sie trägt einen rosafarbenen Strampler, darin sieht sie zuckersüß aus. Inzwischen ist sie drei Monate alt.

„Möchtest du sie mal nehmen?", fragt mich Clara.

Aufgeregt nicke ich.

Sie kommt einen Schritt auf mich zu und reicht mir das Würmchen. „Nicht vergessen, den Kopf zu stützen", fügt sie noch schnell hinzu.

„Okay", nuschle ich und widme meine Aufmerksamkeit der Kleinen. „Hallo, Lina. Ich bin deine Tante Miriam!" Dieser Moment, in dem ich sie das erste Mal halten darf, hat etwas Magisches an sich und ich schließe dieses kleine Wesen sofort ganz tief in mein Herz. *Ich hab dich lieb! Sehr!*

Beim gemeinsamen Frühstück erzähle ich von Australien, alle hören mir interessiert zu. Doch irgendwie kann ich es noch gar nicht fassen, dass ich wirklich zurück bin. *Wie wird es jetzt wohl weitergehen? Werde ich mich schnell einleben können und einen Job finden?* So viele offene Fragen – das wird sich alles wohl erst in den kommenden Wochen oder Monaten ergeben. Ich hasse diese Ungewissheit!

# NEUNTER TEIL:
# JUNI/JULI – MEIN LEBEN DANACH

*Juni*

Und nun? Beruflich werde ich Mitte August eine Ausbildung zur Hotelfachfrau in einem noblen Hotel in Frankfurt beginnen. Nachdem ich dort zwei Tage zur Probe gearbeitet habe, kam letzte Woche auch schon die Zusage ins Haus geflattert. Meine Freude war riesengroß, die Arbeit dort hat mir nämlich ausgesprochen viel Spaß bereitet und das Team war mir vom ersten Moment an total sympathisch.

Ansonsten lebe ich mich so langsam wieder ein, wobei der Reverse-Kulturschock dieses Mal nicht so heftig ausgefallen ist wie nach meiner Rückkehr aus den USA. Damals wollte ich nicht hier sein, doch dieses Mal ist es anders. Ich genieße meine Zeit in Deutschland, an meinen freien Tagen schaue ich oft bei meiner Schwester vorbei, auch mit meinen deutschen Freunden verstehe ich mich nun wieder viel besser.

Mein geliebtes Auto – ich vergöttere es! Ich hatte ganz vergessen, welch ein Luxus es ist, eins zu haben. Um ehrlich zu sein, es ist absolut großartig, mal auf keinen Bus angewiesen zu sein und nicht ständig – selbst bei Regenwetter! – zu Fuß gehen zu müssen, so wie damals in Brisbane.

Nachts träume ich noch immer auf Englisch, während meine Deutschkenntnisse zugegebenermaßen zu wünschen übrig lassen, aber das wird sich wohl hoffentlich auch bald ändern. Zusammenfassend bin ich zufrieden mit mir und meinem jetzigen Leben, nichtsdestotrotz schmiede ich insgeheim schon wieder neue Pläne für einen baldigen Urlaub. Das Ziel heißt: New York City!

Bis zum Beginn meiner Ausbildung habe ich nämlich noch zwei Monate frei. Da ich in den ersten sechs Monaten meiner Lehre – aufgrund der Probezeit – keinen Urlaub nehmen darf, würde ich davor unheimlich gerne noch einmal nach New York City düsen. Es ist vermutlich schwer nachvollziehbar, warum ich damit nicht warten kann. Aber mein Herz hängt nach wie vor an dieser aufregenden Metropole, meine Sehnsucht wächst gerade ins Unermessliche. Ein paar Tage würden mir auch völlig ausreichen. Nur einen kurzen Abstecher, mehr nicht! Tja, und was ich mir in den Kopf setze, das ziehe ich auch durch. Und so kann ich schließlich meinen Vater dazu überreden, mir einen Vorschuss zu geben. Das Geld werde ich ihm in den ersten Monaten meiner Ausbildung in Raten zurückzahlen müssen.

Das Glück scheint auf meiner Seite zu sein, als ich einen günstigen Last-Minute-Flug im Internet finde. *Klasse*, denke ich, dazu buche ich ein Mehrbettzimmer in einem schnuckeligen Hostel direkt in Manhattan. Das kostet nur neun Euro pro Übernachtung. *Das klappt doch alles wie am Schnürchen*, stelle ich erfreut fest und kann meine Vorfreude kaum noch im Zaum halten. In wenigen Wochen soll es losgehen: Drei Tage New York warten auf mich. *Juchu!*

\*

*Juli*

Freitag. Am Tag der Abreise bin ich fürchterlich aufgeregt, so lange habe ich auf diesen Tag schon gewartet. Jetzt geht es zum ersten Mal seit meiner Rückkehr als Au-pair zurück nach New York.

Leider ist die Maschine ausgebucht und ich ergattere – *mal wieder!* – nur einen Mittelsitzplatz. Doch im Vergleich zu der vierundzwanzigstündigen Heimreise aus Australien ist dieser fast läppische achtstündige Flug in die USA ein reiner Spaziergang. Im Entertainmentprogramm finde ich außerdem einen spannenden Film, den ich ursprünglich mal im Kino schauen wollte und dann doch verpasst habe. Ich bin somit bestens beschäftigt.

Der Airbus setzt zur Landung an. Als die ersten prachtvollen Wolkenkratzer der leuchtenden Skyline zu erkennen sind, beginne ich zu realisieren, dass ich tatsächlich zurück bin und merke, wie sich mein Pulsschlag mit einem Mal verdoppelt.

Obwohl die Einreise zügig vorangeht, komme ich aufgrund der schlechten Zugverbindung erst Stunden später in der Unterkunft in Manhattan an. Inzwischen ist es vier Uhr nachmittags. Abgekämpft schleppe ich meinen schweren Koffer die alte knirschende Treppe hoch – einen Aufzug gibt es hier nicht. Tja, der erste Eindruck des Hostels ist so lala. Es sieht ziemlich heruntergekommen aus: Das Treppenhaus und die Flure sind nur spärlich beleuchtet, die Wände sind bemalt und ein modriger Geruch liegt in der Luft.

„Alles wird gut", sage ich zu mir selbst, als ich gerade dabei bin, die Zimmertür aufzuschließen. Ich trete ein und bleibe erschrocken stehen. *In dem winzigen Zimmerchen sollen acht Personen schlafen? Spinnen die?*, saust es mir durch den Kopf, als ich mich umschaue. *Da kann man ja Platzangst bekommen!* Auf kleinstem Raum sind vier Hochbetten aufgestellt, daneben stehen ein Schrank mit verschließbaren Fächern sowie ein abgenutzter Tisch mit vier Holzstühlen. Gemütlich – das ist was anderes! Außerdem herrscht im Zimmer das reinste Chaos: Unzählige Kleidungsstücke liegen querbeet auf dem Boden verteilt und aus dem umgekippten Papierkorb quellen leere Sandwichverpackungen und zerknautschte Coladosen hervor. *Mit wem wohne ich bitteschön hier zusammen? Auweia, na das kann ja was werden!*

Das einzige leere Bett, das ich vorfinde, ist das direkt neben der Tür. Nur die untere Etage ist noch frei. Ich kann mir schon denken, warum das keiner haben wollte. Wer hier pennt, braucht einen tiefen Schlaf, ich sag nur: Durchgangsverkehr.

Ich stelle mein Zeug ab, setze mich auf die Kante des Metallbettgestells und atme einmal tief durch, um nicht komplett die Fassung zu verlieren. „Zum Glück ist es nur für ein paar Nächte", versuche ich mir gut zuzureden. Mein Blick schweift zu dem klitzekleinen schmutzverschmierten Fenster am anderen Ende des Raumes. *Das könnte auch mal wieder geputzt werden*, saust es mir durch den Kopf, doch als ich das schöne Wetter draußen erblicke, ist schnell klar, dass ich keine Minute länger hier drinnen verbringen sollte. Also greife ich nach meiner beigefarbenen Handtasche und eile hinaus. Das Wetter ist herrlich sommerlich. Ich laufe los – Richtung Times Square. Dort will ich mir einen Kaffee holen und mich ein bisschen in die Sonne setzen. Mit einem Mal ist all der Ärger verflogen, ich bin immerhin in meiner Lieblingsstadt, das ist alles, was zählt. Vermutlich werde ich später sowieso derart müde sein, dass ich sofort einschlafe und nichts mehr um mich herum mitbekomme. Ich kenne mich doch, wenn ich unter Jetlag leide, dann schlummere ich tief und fest wie ein Baby.

Am Abend treffe ich mich mit Marc, meinem Ex. Wir stehen zwar nicht mehr wirklich in Kontakt, aber auf meine E-Mail mit dem aussagekräftigen Betreff *Ich komme im Juli für drei Tage nach New York* hatte er tatsächlich geantwortet.

Während ich hier in der Bahnhofshalle von Grand Central an der großen Uhr stehe und auf ihn warte, bin ich megaaufgeregt. Gerade, als ich meine Lippen mit Gloss in einem dezenten Hellrosaton nachziehe, erblicke ich ihn. Er sieht wie immer umwerfend aus. Doch zu meiner Überraschung kommt er nicht alleine, sondern hat seine neue Freundin Maria im Schlepptau.

*Was will die denn hier?*, frage ich mich; ich habe verständlicherweise so gar keine Lust, seine Neue kennenzulernen. Das beruht dem Anschein nach auf Gegenseitigkeit, denn sie wirkt auch nicht gerade gesprächig. *Na, super!*

Wir gehen eine Kleinigkeit essen, aber die Unterhaltung verläuft nur stockend und immer wieder herrscht eine peinliche Stille. Keiner weiß so recht, was er sagen soll, sodass das Treffen von unangenehmem Schweigen dominiert wird. So kommt es schließlich auch, dass ich mich bereits nach einer Stunde wieder verabschiede. Klar bin ich enttäuscht, so hatte ich mir das nicht vorgestellt, aber ich versuche dennoch einfach das Beste daraus zu machen. Davon lasse ich mir jedenfalls bestimmt nicht meinen Abend verderben, das ist sicher! Spontan entscheide ich mich dazu, die Plattform des Empire State Buildings zu besuchen. *Darauf habe ich jetzt Lust!*, denke ich frohgemut, als die beleuchtete Kuppel des Wolkenkratzers sehe. Ich kaufe mir eine Eintrittskarte und im Nu befinde ich mich auf der siebenundachtzigsten Etage des Hauses.

„Wow", stammle ich, als ich die Besucherterrasse betrete. Die Aussicht bei Nacht ist phänomenal. Zugegebenermaßen ist es nicht das erste Mal, dass ich dort oben stehe, aber es ist immer wieder aufs Neue ein *magischer Moment*, wenn man auf ganz New York blickt: Massenhaft winzige Lichter sind zu erkennen. Ein Traum! Obwohl heute nicht alles so glatt gelaufen ist, fühle ich mich in diesem Moment auf eine Art und Weise wunschlos glücklich.

\*

Die erste Nacht habe ich einigermaßen gut hinter mich gebracht und meine Mitbewohnerinnen – sieben temperamentvolle quirlige Mädels aus Brasilien – scheinen ebenso ganz okay zu sein. Als ich am nächsten

Nachmittag meinen guten Kumpel Marcelo in Manhattan treffe, werde ich warmherzig von ihm begrüßt: „Ich kann nicht glauben, dass du wirklich *hier* bist, Miriam. Lass dich mal anschauen. Du siehst gut aus!", bemerkt er beschwingt und drückt mich fest.

„Danke!", entgegne ich verlegen.

Er schaut mich mit lächelnden Augen an und fährt sich einmal durch seine kurzen dunklen Haare. „Ich habe dich vermisst, musst du wissen."

„Ich dich auch, Marcelo! Sehr!"

Wir schlendern gemütlich durch die Stadt und unterhalten uns dabei prächtig. Das Wetter ist genau richtig, denn es ist weder zu heiß, noch zu kühl. An einem Brunnen in der Nähe des berühmten Rockefeller Centers machen wir Stopp; wir hocken uns auf die Kante des großen rechteckigen Steinbrunnens, der aus wunderschönem grauem Marmor besteht. Scheinbar zeitgleich erblicken wir den bunten Eiswagen, der nur wenige Meter von uns entfernt an der Straße steht, schauen uns einander an und wissen genau, was der andere denkt: *So ein Eis wäre jetzt schon klasse!*

Keine zwei Minuten später sind wir bereits die nächsten Kunden des netten Eisverkäufers und kehren kurz darauf mit einem leckeren Schokoladeneis im Becher zum Brunnen zurück. Ich setze mich, ziehe meine braunen Ledersandalen aus, lasse meine Füße ins kühle Wasser baumeln und löffle die köstliche cremig-süße Eiscreme. *Herrlich.*

Es ist ein wunderbarer Samstagnachmittag mit Marcelo; nach unserem Abstecher beim Brunnen klappern wir alle sehenswerten Plätze in Manhattan ab, auch wenn ich alles schon zigmal gesehen hab, so ist es doch immer wieder ein tolles Gefühl, die Freiheitsstatue aus nächster Nähe zu betrachten, einen Spaziergang durch den wunderbaren Central Park zu machen, und der vor Leben strotzende Times Square ist für mich schlichtweg einer der schillerndsten und schönsten Plätze auf der Welt. Nicht umsonst wird er oft das Zentrum des Universums genannt. Und wo kann man bitteschön besser shoppen gehen als auf der 5th Avenue? Dieser berühmte Spruch, der abertausende T-Shirts ziert, auf mich trifft er zu hundert Prozent zu: *I love NY!*

Dieser fabelhafte Tag endet mit einem fetten Burger in meinem Lieblingsdiner nahe der Brooklyn Bridge. Eine Stunde später falle ich hundemüde und überglücklich ins Bett. Die anderen Mädels – meine

Zimmergenossinnen – sind anscheinend noch unterwegs. Das soll mir recht sein, so habe ich zumindest meine Ruhe. Vorerst. Als die Bande jedoch gegen drei Uhr nachts grölend ins Zimmer stürmt, werde ich von ihnen geweckt. Genervt drehe ich mich zur Seite, doch aufgrund des Lautstärkepegels ist schlafen ein absolutes Ding der Unmöglichkeit: Die Schranktüren werden ständig geöffnet und wieder schwungvoll zugeschlagen, die schrillen lauten Stimmen schmerzen in meinen Ohren und als eines der Mädels zu allem Überfluss auch noch dröhnende Technomusik anstellt, ist eines klar: *Ich werde NIE wieder ein Mehrbettzimmer buchen!*

Ich bin kurz vor dem Platzen. Ich richte mich auf. „Ähm ... geht das auch etwas leiser?", zische ich.

Plötzlich sind alle Blicke auf mich gerichtet. Sie schauen mich an, als wäre ich ein Geist. „Ohhh...", meint eine von ihnen. „Dich gibt es ja auch noch."

*Ja, MICH gibt es auch noch!!!*, denke ich genervt.

„Sorry ... total vergessen."

Daraufhin wird die nervige Musik ausgestellt und Gespräche im Flüsterton geführt. *Viel besser*, denke ich erleichtert und schlafe endlich wieder ein.

\*

„Das ist *ihr* Wagen", höre ich den Mann sagen, der mit seiner rechten Hand auf einen roten Hyundai zeigt und mir die Schlüssel überreicht. „Gute Fahrt."

Heute, am Sonntag, mache ich einen Abstecher zu Shannons Gastmutter, die fünfundvierzig Minuten von Manhattan entfernt wohnt. Während meines Au-pair-Jahres habe ich dort viel Zeit verbracht. Meine Gastfamilie wiederum werde ich nicht besuchen können, da sie im letzten Jahr nach Rochester umgezogen sind. Das liegt im Nordwesten des Bundesstaates NY, etwa fünfeinhalb Autostunden entfernt.

Als ich bei Shannons Gastmutter ankomme, ist es zwei Uhr mittags. Cathrin öffnet mir freudestrahlend die Tür. Sie ist eine kleine dickliche und extrem herzliche Person, die in ihrer Freizeit am liebsten im Schlabberlook herumläuft. So auch heute. Sie trägt eine graue Stoffjogginghose, ein weites sportliches lilafarbenes T-Shirt; ihre schulterlange braun-graue gewellte Mähne trägt sie geöffnet.

Wir setzen uns raus auf die Terrasse. Mit einem Schmunzeln muss ich feststellen, dass es das schwarze XXL-Trampolin in ihrem weitläufigen farbenfrohen Garten noch immer gibt. Da kommen sofort alte Erinnerungen hoch: Meinen zwanzigsten Geburtstag habe ich – *genau hier!* – in diesem Garten gefeiert. Wir hatten damals freie Bude und es stieg 'ne fette Party mit viel Alkohol. Ich weiß noch, wie wir teilweise zu sechst wie die Wilden auf dem riesigen Trampolin herum gehüpft sind. Das war vielleicht ein Spaß. Ein Wunder, dass es *das* überlebt hat.

Ich beginne von meinem ereignisreichen Australienaufenthalt zu berichten, selbstverständlich will Cathrin auch alles über ihr ehemaliges Au-pair-Mädchen und meine Freundin Shannon wissen. Später zeigt sie mir noch ein paar Fotos vom letzten Familienurlaub in Florida und erzählt von ihrem jetzigen Au-pair – ein thailändisches achtzehnjähriges Mädchen, das momentan mit ihrem sechsjährigen Sohn Matthew am Strand von Long Island ist. Ihr Mann ist ebenso nicht daheim, er arbeitet – selbst an einem Sonntag! Wer in NYC erfolgreich sein möchte, schuftet vierundzwanzig Stunden und das sieben Tage die Woche, denn der Konkurrenzkampf ist vermutlich nirgends so groß wie hier in der Weltmetropole New York.

Nach einem gemeinsamen Abendessen – es gab eine dieser typisch amerikanischen XXL-Pizzen vom Lieferservice – verabschiede ich mich, steige in meinen Mietwagen und mache mich auf dem Weg zu Marcelo. Ich habe ihm versprochen ihn am Abend nochmal zu besuchen, bevor ich morgen meine Heimreise antreten werde. Mit dem Wagen düse ich durch Crotana – hier habe ich damals mein Au-pair-Jahr verbracht. Es ist eine bezaubernde Stadt am Hudson River, die während meines Auslandsaufenthaltes in den USA zu einem zweiten Zuhause wurde. Es ist ein emotionaler Moment, als ich durch den Ort fahre und meine alte Heimat wiedersehe. *Ich vermisse mein damaliges Leben*, denke ich wehmütig.

Keine zehn Minuten später komme ich bei Marcelo an, er wartet bereits vor dem Haus und steigt ein.

„Hey!", begrüße ich ihn mit einem Grinsen. „Lange nicht gesehen."

„Lass mich überlegen... genau zwanzig Stunden", antwortet er mit einem kräftigen Lachen.

Wir entscheiden uns, eine Bar in White Plains aufzusuchen, es ist die nächstgrößere Ortschaft in der Umgebung. In einer modernen Bar in der Innenstadt verbringen wir die nächsten Stunden und reden über die guten alten Zeiten, schwelgen in Erinnerungen und lachen viel. Als ich mich kurz nach Mitternacht von ihm verabschiede, versprechen wir uns, regelmäßig zu schreiben. Nicht nur das: „Ich komme bald wieder. Versprochen!", sind meine letzten Worte und ich weiß, ich werde mich daran halten. Und wirklich: Ab diesem Zeitpunkt reise ich alle sechs Monate über den großen Teich und besuche meinen Kumpel Marcelo.

## ZEHNTER TEIL:
## BESUCH IN DEUTSCHLAND

Shannon und ich bleiben in regem Kontakt zueinander: Wir schreiben und telefonieren alle paar Tage.

Im zweiten Jahr meiner Ausbildung erreichen mich tolle Neuigkeiten: *Shannon will im Juni dieses Jahres für sieben Tage nach Deutschland kommen.* Ich kann es kaum erwarten, beginne euphorisch die Tage zu zählen und in meinem Wandkalender über meinem Schreibtisch durchzustreichen. Eines Tages ist es schließlich soweit. In meinem Kalender im Monat Juni steht: *Shannon abholen, 10 Uhr.* Als ich sie wenig später am Frankfurter Flughafen in meinen Armen halte, ist die Wiedersehensfreude unbeschreiblich. Ich bin überglücklich, sie nach so langer Zeit wiederzutreffen.

Auf der Heimfahrt starrt sie unentwegt auf meinen Tacho, was mir nicht unbemerkt bleibt; ich hake nach, was denn los ist.

„Wie schnell fährst du, Miriam?", will sie wissen.

„Wie schnell ich fahre?" Ich schaue auf meine Tachoanzeige und antworte: „Hundertvierzig. Wieso?"

„Oh mein Gott. Krass!", japst sie und schaut mich mit weit aufgerissenen Augen an. „So schnell bin ich noch *nie* gefahren."

„Hä? Wie?" Ach ja ... da macht es Klick bei mir. Ja klar, die maximale erlaubte Höchstgeschwindigkeit liegt in Australien bei einhundertzehn, wenn überhaupt! Das hatte ich ja komplett vergessen.

„Heftig, dass es bei euch größtenteils keine Geschwindigkeitsbegrenzungen gibt", bemerkt sie und streicht sich einmal durch ihre langen Haare. „Schade, dass das bei uns nicht erlaubt ist; es würde mir Spaß machen, mal so zu beschleunigen." Sie stockt. „Nun ja, dazu müssten allerdings erst einmal alle Highways erneuert werden, denn solch makellose, glatte Straßen wie eure Autobahnen sieht man bei uns selten", meint sie und schmunzelt.

Am Abend treffen meine Eltern erstmals auf Shannon, die sie bisher nur aus Erzählungen kennen. Es folgt ein gemeinsames Abendessen auf der Terrasse. Ich bin überrascht, wie gut sich meine Eltern mir ihr auf Englisch unterhalten können – haben sie etwa heimlich geübt? Die Verständigung untereinander klappt auf jeden Fall einwandfrei und meine Eltern scheinen zugleich sehr interessiert zu sein, mehr über Land und Leute zu erfahren. Ein aktiver Austausch findet statt und Shannon erzählt mit großer Begeisterung von ihrem Heimatland und der Kultur der Australier.

\*

Heute steht ein Stadtrundgang durch mein Heimatstädtchen Kambergo an. Die vielen historischen Fachwerkhäuser, die es hier zu bewundern gibt, bringen meine australische Freundin zum Staunen. So etwas habe sie zuvor noch nie gesehen, meint sie.

„Merkwürdige Bauweise", bemerkt sie nachdenklich, als sie die roten Balken eines der Häuser genauer betrachtet. Darüber kann ich nur lachen; auf ihre Frage, warum es in Deutschland neben all den Fachwerkhäusern nur Gebäude aus Stein und kaum Holzhäuschen wie in Australien oder den USA gebe, kann ich ihr im ersten Moment auch keine plausible Antwort geben: „Hmm … keine Ahnung, vielleicht, weil wir in Deutschland mehr Wert auf eine stabile und robuste Bauweise legen?!"

Ich höre sie ein leises „Aha" murmeln. Meine kurze Antwort scheint ihr wohl schon zu genügen, während wir uns in Richtung Stadtpark fortbewegen.

Als wir wenig später zum Supermarkt fahren, um ein paar Erledigungen zu machen, erlebt Shannon bereits den nächsten Kulturschock. Als sie die ellenlangen Regale mit alkoholischen Getränken – Wein, Bier und unzählige Spirituosen – erblickt, zückt sie tatsächlich ihre Kamera und macht davon ein Foto. Alkohol – das kann man in Down Under nur in sogenannten Bottle-Shops kaufen. Hineingelassen wird man dort nur, wenn man eine ID mit einem entsprechenden Altersnachweis vorzeigen kann.

Es ist für sie unverständlich, dass Alkohol hier in Deutschland so einfach – selbst für Kinder! – zugänglich ist und zudem zu Schnäppchenpreisen angeboten wird.

„Fünf Euro?", liest sie erstaunt vor und deutet ungläubig auf das Etikett der Rotweinflasche.

„Ja", bemerke ich. „Ich hab dir doch immer gesagt, dass die Preise für Bier und Co. in Australien total überteuert sind." Eine Flasche Wein für nur fünf Euro – davon können die Australier nur träumen. Das gibt es dort nicht!

*

In unserer gemeinsamen Woche versuche ich ihr so viel wie nur möglich von Hessen und der Umgebung zu zeigen. Ich verbringe eine wahrhaftig wunderbare Zeit mit meiner australischen Freundin. Sie hat sich kein bisschen verändert und wir kommen nach wie vor blendend miteinander aus. Die deutsche Küche scheint ihr ebenfalls zu munden, vom Schnitzelessen kann sie offenbar gar nicht genug bekommen – sie hat sogar nach dem Rezept gefragt! Ich muss schmunzeln, aber freue mich, dass es ihr so gut schmeckt.

*

Die Zeit vergeht im Fluge, an einer ihrer letzten Tag in Deutschland besuchen wir Rüdesheim, wo wir auch einen Abstecher zu einem der großen Souvenirshops machen, wo sie fast den halben Laden leerkauft. Ich staune nicht schlecht, als ich beobachte, wie sich ihr Einkaufskorb füllt: Drei buntverzierte Bierkrüge für ihre Freunde, eine ulkige Kuckucksuhr für die Eltern, einen zwanzig Zentimeter großen Nussknacker für die Omi, eine typisch bayrische Oktoberfestflagge, die sie in ihrem Zimmer aufhängen will, zudem ein paar deutsche Leckereien: zwei kitschige Lebkuchenherzen, zig Tafeln Milka-Schokolade und eine Packung eingeschweißtes Pumpernickel-Brot zum Probieren.

Nachdem wir die Einkäufe zum Auto gebracht haben, treten wir auf Wunsch meiner Freundin eine Bootsrundfahrt über den Rhein an. Zugegebenermaßen wäre ich niemals auf die Idee gekommen, so etwas mit ihr zu machen. „Findest du das nicht langweilig?", fragte ich sie.

Ich bekomme ein lautes und deutliches „Nein" zurück. Was gäbe es Besseres, als die schönen Weinberge, den Loreley-Felsen und alte Schlösser zu bestaunen, versucht sie mich zu überzeugen.

*Das war eindeutig!*, denke ich mir und muss lachen. „Na gut, auf geht's!" Also kaufen wir uns je eine Karte für eine Rhein-Rundfahrt. Als ich mich an Bord umschaue, ist es nicht zu leugnen, dass wir die mit Abstand Jüngsten sind. Das Durchschnittsalter der Besucher liegt bei ungefähr fünfzig Jahren. *Diese Rhein-Rundfahrt ist also doch eher was für Senioren*, denke ich mir, doch meine Freundin Shannon scheint die neunzigminütige Tour in vollen Zügen zu genießen, auch wenn wir altersmäßig wohl nicht zur Zielgruppe gehören.

„Cool, schau mal da, die romantischen alten Ruinen der Burg. Boah ... sieht das toll aus", seufzt sie begeistert. „So etwas bekommt man in Australien nicht zu sehen", meint sie aufgeregt und zückt sofort ihre Kamera, um den Ausblick auf ein paar Fotos festzuhalten.

Ich setze mich derweil auf eine der Bänke am offenen Deck, schaue ihr amüsiert zu und genieße gleichzeitig die Aussicht auf die steilen Weinberge, von denen Shannon mittlerweile auch schon etliche Bilder geschossen hat. Wein wird zwar auch in Australien angebaut, aber Queensland, wo meine Freundin herkommt, ist keine typische Gegend dafür. Der Anblick der vielen wunderschönen Weinanbaugebiete in Rüdesheim ist daher etwas ganz Besonderes für sie, das sie aus ihrem Alltag so nicht kennt.

\*

Heute machen wir Frankfurt unsicher; es ist unser letzter gemeinsamer Tag, doch daran mag ich gar nicht denken.

Wir besteigen den Main Tower, besuchen das Goethe-Haus, laufen alle sehenswerten Sightseeing-Spots der Metropole ab und verzehren eine knackige Rostbratwurst mit ordentlich Senf zum Mittagessen (beziehungsweise zwei, aber psst!). Shannon findet die deutsche Bratwurst von der Wurstbude in der Fußgängerzone derart lecker, dass sie direkt noch eine hinterher bestellen muss; ich schließe mich ihr an und gemeinsam schmausen wir die köstlichen Würste. Das Wetter könnte ebenfalls nicht besser sein, es herrschen sommerlich-angenehme fünfundzwanzig Grad. Genau richtig für heute!

Zu guter Letzt steht noch ein Einkaufsbummel auf der ZEIL an. Das absolute Highlight des Tages, möchte ich meinen, denn jede Frau liebt es bekanntlich zu shoppen. Die Einkaufstüten sind schnell gefüllt, denn Sommersachen kann Shannon in Australien das ganze Jahr über brauchen. Besonders *s.Oliver* hat es ihr angetan, eine Marke, die es in Down Under (noch) nicht gibt. „Die Mode hier gefällt mir äußerst gut", bemerkt sie mit großer Begeisterung und funkelnden Augen und gibt in dem Laden ein halbes Vermögen aus. *Beneidenswert*, denke ich – im Gegensatz zu mir hat sie ihre Ausbildung inzwischen abgeschlossen und einen gut bezahlten Job gefunden, womit sie sich das hier auch leicht leisten kann.

\*

Sieben Tage sind vorbei. Der Abschied naht. Alles, was einen Anfang hat, muss auch ein Ende finden, und so stehe ich an einem sonnigen Donnerstagmittag mit meiner australischen Freundin Shannon wieder am Flughafen, wo alles begonnen hat. Aufs Neue müssen wir uns an diesem Mittag voneinander verabschieden. Mir ist zum Heulen zumute, doch ein Urlaub in Mackay ist bereits in Planung. *Bald, nächstes Jahr!*, hoffe ich. Die nächsten Monate werde ich mich auf jeden Fall erst einmal auf meine Ausbildung konzentrieren müssen. Im Winter stehen immerhin die Abschlussprüfungen an. Endlich! – nach zweieinhalb Jahren. Was danach kommt, das kann ich auch noch nicht sagen. *Mal sehen!*

# ELFTER TEIL:
## DAS GROSSE WIEDERSEHEN IN AUSTRALIEN

Im Januar, nach zweieinhalb Ausbildungsjahren, erhalte ich nach bestandener Abschlussprüfung endlich mein IHK-Abschlusszeugnis und nehme im Anschluss zunächst eine Stelle als Rezeptionistin an. Aber weiterhin träume ich davon, als Flugbegleiterin die große weite Welt zu bereisen. Diesen Traum konnte ich bisher noch nicht verwirklichen und warte auf ein passendes Stellenangebot. Allerdings verdiene ich nun endlich genug Geld, um mir einen Flug nach Australien leisten zu können.

Gesagt, getan! Im darauffolgenden Herbst bekomme ich zwei Wochen Urlaub. Ich nutze diese Möglichkeit, um nach Down Under zu fliegen. Auf diesen Moment musste ich so lange warten! Umso aufgeregter bin ich jetzt, als ich nach einer langen Reise in Sydney lande. Die Sonne scheint, und am Himmel ist kein Wölkchen zu sehen. *Wunderbar!*

Ihr fragt euch bestimmt, was aus Valentina wurde? Ob ich sie in Australien wiedersehen werde? Sie ist, soviel ich weiß, nach ihrer gescheiterten Beziehung zu Viktor nach Südkorea zurückgekehrt und hat dort begonnen, für einen asiatischen Reiseveranstalter zu arbeiten, jedoch ist der Kontakt inzwischen eingeschlafen. Freunde kommen und gehen eben im Leben, trotzdem werde ich die Zeit mit ihr stets im Herzen tragen. Die Erinnerung bleibt für immer!

Doch nun zurück zu Sydney: Damals, während meines siebenmonatigen Auslandsaufenthalts in Australien, hatte ich es leider nicht mehr nach Sydney geschafft, und das will ich nun nachholen. Darum habe ich bewusst *diese* Stadt als meinen Zielflughafen gewählt. Zwei Tage werde ich hier verbringen, bevor ich meine Tour nach Mackay im Norden des Landes fortsetze. Dort werde ich von meiner australischen Freundin Shannon und ihrer Familie bereits sehnsüchtig erwartet.

Das heißt, die kommenden achtundvierzig Stunden werde ich auf mich alleine gestellt sein, doch das sollte für mich kein Problem darstellen – und wer weiß, vielleicht lerne ich ein paar nette Backpacker im Hostel kennen. Denn meine Unterkunft ist eine dieser typischen *Work-&-Travel*-Unterkünfte für junge Menschen, und dort trifft man schnell auf Abenteuerlustige und Reisefreudige aus der ganzen Welt.

Dort angekommen, bekomme ich direkt meinen Schlüssel ausgehändigt. Es ist zehn Uhr vormittags. Zum Glück konnte ich bereits einchecken und mache mich jetzt auf den Weg auf mein Zimmer im dritten Stock. Ich habe mir den Luxus eines Einzelzimmers gegönnt. Doch als ich eintrete, wird mir schnell bewusst, dass dies hier absolut nichts mit Luxus zu tun hat: Das winzige Zimmerchens ähnelt deiner Gefängniszelle! Es wirkt düster, darin stehen ein klappriges Bett und ein gelb angemalter Stuhl – das war's. Und durch das Minifenster kommt kaum Tageslicht herein, denn die Außenwand des Hauses gegenüber liegt höchstens einen Meter von meinem Fenster entfernt. *Oh Mann, wo bin ich bloß mal wieder gelandet?!,* denke ich etwas geschockt. Bei der Auswahl meiner Unterkünfte treffe ich irgendwie immer ins Schwarze. Die Bilder im Internet sahen da um einiges vielversprechender aus. Mal wieder alles Fake …! Ich versuche, es mit Humor zu nehmen.

*Jetzt brauche ich erst einmal eine erfrischende Dusche,* geht es mir durch den Kopf, und ich öffne meinen Koffer. Nun ist das Räumchen – mit meinem geöffneten Koffer neben dem Bett – komplett gefüllt. Gerade so bekomme ich noch die Tür auf, als ich mich mit meinem Kulturbeutel unter dem Arm auf den Weg zu den Waschräumen mache.

Ich drehe das Wasser in der Dusche auf und starre dabei die schwarzen Punkte an der weißen Wand an. *Das kann doch nur Schimmel sein!,* denke ich kopfschüttelnd, und es überkommt mich ein Ekelschauer. „Igitt!", brumme ich und versuche, möglichst mit nichts in dieser Duschkabine in Berührung zu kommen. Meine Flipflops habe ich auch angelassen, denn auf dem Boden liegen etliche Haare meiner Vorgänger. Angeblich würden die Duschen jeden Morgen geputzt, aber nachdem dort zwanzig oder mehr Leute geduscht haben, ist davon auch nichts mehr zu sehen. In Rekordzeit bin ich fertig.

„Ein Hostel ist halt kein Hotel", murmle ich vor mich hin, als ich mich im Zimmer umziehe. Wäre ich bloß nicht so geizig gewesen und hätte ein wenig mehr für meine Unterkunft ausgegeben. Das habe ich nun davon:

dreckige Duschen und unschöne Toiletten. Doch keineswegs lasse ich mir die Laune davon verderben. Das ist es nicht wert, außerdem bin ich durch meine vielen Reisen schon das eine oder andere gewohnt, es ist immerhin nicht das erste Mal, dass ich in einer Bruchbude übernachten werde.

Ich schnappe mir meine Sachen – Handtasche, Fotokamera, Sonnenbrille und Kappe – und beginne mein Sightseeingprogramm. Meine Müdigkeit und der Jetlag werden mithilfe von reichlich Kaffee weggezaubert. Das Wetter ist, nebenbei bemerkt, herrlich: Sonnenschein und blauer Himmel. Mit einem Mal fühle ich mich tiefenentspannt und glücklich. *Ich bin in Sydney! Ist das zu glauben?*, denke ich fröhlich, als ich mich auf den Weg zum Opernhaus mache.

Als das Wahrzeichen der Stadt in der Ferne vor mir auftaucht, bin ich völlig aus dem Häuschen. Ich beschleunige meinen Schritt, denn das Ziel ist auf einmal zum Greifen nah.

*Genauso hatte ich es mir vorgestellt*, stelle ich erfreut fest, als ich davor stehe. Ich hole meinen Fotoapparat hervor und schieße ein Bild nach dem anderen. Ein junges Pärchen scheint mich wohl bei meinen unzähligen Versuchen, ein Selbstporträt von mir mit dem Opernhaus im Hintergrund zu schießen, beobachtet zu haben. Sie sprechen mich an und fragen nach, ob sie mir behilflich sein könnten.

„Äh... ja, gerne ... ", antworte ich verlegen und merke, wie ich rot anlaufe. *Peinlich!* Schließlich kommen wir ins Gespräch und gehen ein Stückchen bis zur Harbour Bridge zusammen. Julia und Tom heißen die beiden, ich würde sie auf Anfang zwanzig schätzen, und wie sie mir dann erzählen, sind sie selbst zum ersten Mal in Australien.

„Woher kommt ihr denn?"

„Aus Deutschland."

Ich muss herzhaft lachen: „Aus Deutschland? Ich auch!" – und wir Trottel unterhalten uns die ganze Zeit auf Englisch! Nun ja, zumindest weiß ich jetzt, dass die englische Verständigung noch klappt.

Julia lächelt: „Na dann können wir uns ja jetzt auch auf Deutsch unterhalten."

„Gerne", stimme ich kopfnickend zu.

Schade ist allerdings, dass die beiden morgen bereits nach Cambridge weiterfahren werden, denn sie haben eine Rundreise geplant. Doch den heutigen Nachmittag wollen wir zusammen verbringen, entscheiden wir.

Also spazieren wir den restlichen Tag zu Fuß quer durch Sydney, vorbei am Sydney Tower bis zum Australian Museum, das am anderen Ende der Stadt liegt, und wieder zurück zum Hafen. Wir lassen nichts aus.

In einem Park in der Nähe des Opernhauses lasse ich mich erschöpft ins Gras plumpsen. Meine Füße schmerzen höllisch, das war zu viel des Guten. *Morgen habe ich mit Sicherheit Muskelkater*, denke ich, doch die sportlich-rasante Tour durch Sydney hat sich ohne Frage gelohnt. Obwohl: Eine Überlegung ist es wert, das nächste Mal den Hop-on-/Hop-off-Bus zu nehmen, denn, wie ich im Nachhinein gesehen habe, kostet solch eine Tagestour auch nur um die zwanzig Australische Dollar. Ein Sonnenuntergang mit zauberhaften Farben ist die Krönung des Abends.

*Welch ein Glück, die beiden getroffen zu haben!*, denke ich, als ich mich verabschiede und zum Hostel zurücktapse. Es war schön, die vielen Eindrücke von der Metropole und die Erlebnisse des heutigen Tages mit jemandem teilen und sich darüber austauschen zu können. Doch am Abend bin ich derart erschöpft – und der Jetlag setzt mir auch noch zu –, dass ich sogar ohne Abendessen schlafen gehe. Aber ich bin glücklich, sehr sogar, und nur das zählt!

Mein Fazit: Sydney ist eine sehr moderne, internationale und schöne Stadt, … man könnte es das australische New York nennen. Hier kann man sich wohlfühlen!

*

Nach einem weiteren wunderbaren Tag im sonnigen Sydney, den ich größtenteils am weltberühmten Bondi-Beach verbrachte und dort die (mutigen!) Surfer aus aller Welt auf den haushohen Wellen beobachtete, geht es heute Nachmittag weiter zu meiner Freundin Shannon.

*Mensch, was bin ich nervös*, geht es mir durch den Kopf, als ich das kleine Flugzeug mit höchstens fünfzig Sitzplätzen betrete. Es ist jetzt Viertel nach drei. Ich war natürlich heute mal wieder viel zu früh am Flughafen. Innerhalb weniger Minuten war mein Gepäck eingecheckt und auch an der Security gab es keine lange Schlange. Na ja, wie sagt man so schön: *Lieber zu früh als zu spät!*

*Wie gut, dass ich nie ohne ein Buch in meiner Handtasche reise*, dachte ich und kaufte mir noch rasch einen leckeren Cappuccino bei *Starbucks* im Abflugterminal. In einer gemütlichen ruhigen Ecke am Gate kramte ich mein neues Taschenbuch hervor, das ich mir kurz vor der Abreise gekauft hatte, und begann zu lesen.

Jetzt sitze ich endlich im Flugzeug und freue mich, einen Fensterplatz ergattert zu haben – es ist für mich jedes Mal ein Erlebnis, die Welt aus der Vogelperspektive zu betrachten! Als die Motoren der Propellermaschine starten, beginnt mein Herz vor Aufregung zu rasen – nicht weil ich Flugangst hätte, es ist einfach die Vorfreude. Mit einem Mal kommen all die schönen Erinnerungen an meine Zeit bei Shannons Familie zurück. *Lange ist es her, viel zu lange,* denke ich.

Zwei Stunden später ist es dann so weit, der große Moment des Wiedersehens ist gekommen. *Oh mein Gott*, denke ich aufgewühlt, als ich die drei – Shannon, Sally und Josh – erblicke. Ich muss grinsen. Als sie mich entdecken, kommen sie ohne zu zögern auf mich zugelaufen und schon im nächsten Moment werde ich von allen Seiten umarmt. Ich bin überwältigt und meine Emotionen überschlagen sich. Mit Mühe schaffe ich es noch, die Tränen zu unterdrücken.

„Das ist für dich!", meint Shannon und reicht mir einen silberfarbenen Herzluftballon. Darauf steht: *Welcome back*.

„Oh... ist der schön. Vielen Dank!"

„So, nun lasst uns etwas essen gehen", meint Sally. „Ich hoffe, du hast Hunger auf Meat Pies."

Meine Lippen formen sich zu einem Strahlen. „Oh ja, ja, ja!!! Meat Pies – das habe ich ja schon seit Jahren nicht mehr gegessen", rufe ich begeistert. Wenn etwas zu schön ist, um wahr zu sein, so wie heute, frage ich mich immer, ob das wirklich real sein kann. Oder werde ich gleich aufwachen und muss dann enttäuscht feststellen, dass alles nur ein Traum war? Doch heute ist es REAL!

\*

In Mackay verbringen wir einen Großteil unserer Zeit am Strand beim Nichtstun, fahren in die Mall zum Shoppen, gehen spazieren, Eis essen, ins Kino und abends feiern.

Nach drei entspannten Tagen in der Heimatstadt meiner Freundin brechen wir heute auf, um nach Townsville zu fahren. Das ist eine schöne Stadt in der Nähe von Cairns im Norden. Dort wollen wir ein paar Tage Urlaub machen.

Am Morgen geht es schon früh los, aber aufgrund der schlechten Straßenverhältnisse dauert es fast den ganzen Tag, bis wir dort eintreffen. In einem Motel in der Nähe der Strandpromenade haben wir ein Zimmer gebucht. Es ist nichts Besonderes, die Möbel sind eindeutig nicht die neuesten, aber zumindest sieht alles sauber und gepflegt aus. Das ist das Wichtigste! Wir sind zufrieden und packen unsere Sachen aus.

Nach einem leckeren Abendessen in einem asiatischen Restaurant um die Ecke folgt ein gemütlicher Nachtspaziergang auf der kilometerlangen palmenbestandenen Promenade, die „The Strand" genannt wird – ein wunderbarer Ort! Viele der Einheimischen haben ihre Picknickdecke mitgebracht, auf der Wiese ausgebreitet und spielen hier Karten, unterhalten sich oder genießen, so wie wir, den fabelhaften Ausblick auf den Hafen.

Ich atme einmal tief durch. *Das fühlt sich wie Urlaub an*, denke ich fröhlich, freue mich schon jetzt auf die nächsten Tage und frage mich, was wir noch alles erleben werden.

*

Heute wollen wir ausschlafen, die Weckfunktion des Handys wurde abgestellt. Das muss auch mal sein! Doch zu meiner Überraschung bin ich am nächsten Morgen schon ungewohnt früh wach. Mein Blick schwenkt zur Uhr. Es ist erst halb acht. *Komisch, und ich fühle mich topfit.*

Ich hole leise meinen Laptop hervor und nutze die Zeit, um im Internet zu surfen. Unter anderem schreibe ich meiner besten Freundin in Deutschland eine Mail und informiere mich über den Castle Hill – Townsvilles Aussichtsberg, wo wir nach dem Frühstück hinfahren werden. Dazu kam ich nämlich noch nicht. Ich lese, dass der Berg um die zweihundertachtundsechzig Meter hoch ist, direkt im Zentrum der Stadt liegt und der Ausblick auf die Stadt und das offene Meer angeblich traumhaft schön sein soll. *Ich bin gespannt*, denke ich. Die vielen Bilder, die ich im Internet dazu finden kann, sind auf jeden Fall beeindruckend.

„Morgen", höre ich jemand leise sagen. „Was ist denn mit dir los? Bist du jetzt zur Frühaufsteherin mutiert?", scherzt Shannon und richtet sich langsam auf.

Ich muss lachen. „Du ... das muss der Jetlag sein."

„Ach so", entgegnet sie mit einem Gähnen. „Sollen wir aufstehen und frühstücken gehen?"

„Yep", stimme ich nickend zu und schalte den Radio Channel am TV an. *Menschenskinder, das habe ich ja seit Ewigkeiten nicht mehr gehört*, saust es mir im nächsten Moment durch den Kopf. Es läuft *Down Under* von *Men at Work* – das war damals, als ich noch in Australien gelebt habe, mein absolutes Lieblingslied. *Wahnsinn!* Da kommt gute Laune auf. Tanzend mache ich mich für den Tag fertig, schlüpfe in meinen dunkelblauen Jeansrock und entscheide mich für ein mintgrünes Tanktop. Meine langen Haare lasse ich geöffnet, zuletzt noch etwas Make-up – fertig!

Dieser sonnige Morgen verspricht einen glühend heißen Tag, es sind schon jetzt um die dreißig Grad. Nach einem leckeren Frühstück in einem süßen Café direkt am Hafen geht es jetzt zum Castle Hill – Townsvilles Aussichtsberg. Wir entscheiden uns für die angenehmere Variante und fahren mit dem Auto bis zum Gipfel hoch, anstatt den Berg zu Fuß zu besteigen. Doch als wir die vielen Wanderer sehen, plagt uns das schlechte Gewissen. Ja, man könnte uns als faul bezeichnen, doch wir kommen zu dem Entschluss, dass wir im Gegensatz zu den Wandersleuten einfach nur vernünftig sind: Ab einer Temperatur jenseits der dreißig Grad ist solch ein Marsch nicht ganz ungefährlich, besonders, wenn es, wie hier beim Aufstieg, kaum Schatten gibt. Die Gefahr auszutrocknen besteht, wenn man zu wenig trinkt. Außerdem können bei diesen hohen Umgebungstemperaturen Erschöpfung und Kreislaufprobleme auftreten. Weitere mögliche Folgen sind Hitzekollaps oder Sonnenstich. Das ist unsere Ausrede – und sie hilft, die verbleibenden Gewissensbisse verschwinden zu lassen.

Der Blick von dort oben ist in der Tat vielversprechend und wunderschön. Wir setzen uns auf eine Bank, nicht weit von der Böschung, und genießen still die Aussicht. Die Welt hier oben wirkt so friedlich, nur der bezaubernde Gesang von ein paar Vögeln ist zu hören. Ich schlage meine

Beine übereinander, lehne mich mit dem Rücken gegen die Lehne der Holzbank und kann nicht mehr aufhören zu lächeln, denn der Ausblick auf die Stadt und die atemberaubende Küste von Townsville ist eine Wohltat fürs Auge.

Gegen Mittag geht es zum Great Barrier Reef Aquarium. Man mag sich anfangs wundern, warum wir hier in Australien überhaupt ein Aquarium besuchen, wenn es doch all die Tiere auch live im Meer zu sehen gibt. Stopp! – Viele, aber nicht alle. Hier hat man die Möglichkeit, auch mal Haie, Quallen und andere giftige Tiere aus nächster Nähe zu beobachten. Es ist ein echtes Erlebnis, vor allem der Gang durch einen langen Plexiglastunnel ist beindruckend. Das Highlight des Tages ist der Besuch des Schildkröten-Krankenhauses im Aquarium. Die Mitarbeiter sind überaus freundlich, beantworten meine sämtlichen Fragen und klären uns auf, wie den verletzten Schildkröten hier geholfen werden kann. Das ist super interessant und zugleich sehr informativ. Ein Erlebnis für Groß und Klein.

Den restlichen Nachmittag verbringen wir im Rockpool. Das ist ein künstlich angelegter Pool, umgeben von weißem Puderzuckersand und grasgrünen Palmen, der direkt am Strand liegt und die Form eines Sees hat. Es ist die sichere Alternative zum Baden im Meer, denn giftige Würfelquallen und riesige Salzwasserkrokodile sind hier in den Gewässern (leider!) keine Seltenheit. Das Poolwasser ist zwar das gleiche wie das im Meer, jedoch durch ein Sieb gefiltert und daher ohne all die gefährlichen Quallen und anderes Getier!

Das kühle Wasser auf meiner Haut fühlt sich erfrischend an. Ich schwimme ein paar Runden, so wie früher, als ich noch in Brisbane gelebt hatte. Es half mir wunderbar, um abzuschalten und Stress abzubauen. Tja ... seit meiner Rückkehr habe ich das eindeutig vernachlässigt. Klar, das liegt hauptsächlich daran, dass ich zu dem Zeitpunkt einen wunderschönen Pool direkt vor der Haustür hatte. Wenn ich jetzt in Deutschland mal schwimmen gehen will, muss ich dafür erst ins Auto steigen und um die zehn Minuten fahren.

Später, am Abend, landen wir in einem typisch australischen Pub. Dort lassen wir unseren heutigen Tag mit reichlich Bier und guter Musik ausklingen. Die Tanzfläche wird gerockt. *Wie gut, dass uns niemand kennt*, denke ich, als ich mich umschaue, denn außer uns schwingt heute niemand das

Tanzbein. Die Blicke der anderen sind eindeutig auf uns gerichtet. Doch wir lassen uns nicht beirren und tanzen einfach weiter.

*

Die Tage verstreichen viel zu schnell. Nach einem Einkaufsmarathon auf der Flinders Street im Stadtzentrum und dem Besuch von Magnetic Island – eine hübsche Insel, die per Fähre von Townsville aus zu erreichen ist – geht es heute schon wieder zurück nach Mackay.

Auf dem Rückweg legen wir einen kurzen Stopp in der Stadt Bowen ein, wo unter anderem auch der Film *Australia* mit Nicole Kidman und Hugh Jackman gedreht wurde. Ansonsten gibt es hier nicht allzu viel zu sehen, außer Mangobäumen, wofür der Ort bekannt ist. Darum wurde in der Nähe des kleinen verschlafenen Städtchens auch eine fünf Meter hohe Plastikstatue einer Mango in den Farben Orange, Gelb und Grün aufgestellt. Das ist hier die Touristenattraktion schlechthin, und die lassen wir uns natürlich nicht entgehen. Ich stelle mich brav vor die überdimensionale Frucht, während Shannon auf den Auslöser drückt. „Beweisfoto gemacht", scherzt sie.

In einem niedlichen Café nebenan gibt es leckeres Sorbet zu kaufen. Das ist genau das Richtige bei diesem heißen Wetter, da sind wir uns einig und gönnen uns eine leckere Kugel des fruchtig-süßen Eises. Dreimal dürft ihr raten, für welche Sorte wir uns entschieden haben: genau … Mango.

Zu guter Letzt nehmen wir auch noch einen riesigen Karton gefüllt mit Mangos mit, der am Straßenrand zu einem Spottpreis verkauft wird, und setzen danach unsere Reise fort. *Welch eine verrückte Mangostadt*, geht es mir durch den Kopf, als wir den Ort hinter uns lassen. Hinter Bowen wirkt die Landschaft mit einem Mal wieder total ausgedorrt, so als hätte es hier mehrere Wochen nicht geregnet. Inzwischen sind auch keine bunten Mangobäume mehr zu sehen. Brauner Sand und ein paar Hügel in der Ferne – mehr gibt es nicht zu bewundern. Etwas eintönig, wobei der Ausblick von den deutschen Autobahnen vielleicht auch oftmals nicht spannender als der hier ist?!

Durch Zufall stoße ich auf eine Karaoke-CD im Auto.

„Ist das deine?", frage ich verwundert.

„Ach ... ähm, ja", bemerkt Shannon verlegen. „Ich hatte ja komplett vergessen, dass ich die noch im Wagen liegen habe. Die ist schon uralt."

„Na dann, ... lass uns mal reinhören", entgegne ich mit einem Schmunzeln und lege die CD ein.

Es sind Lieder, die jeder kennt: Rihanna, Beyoncé und so weiter. Da kommt Stimmung auf. Die Texte weiß ich noch alle auswendig. In Nullkommanichts mutiert das Auto zur Karaoke-Bar. Wir singen ein Lied nach dem anderen. Wie gut, dass uns niemand belauschen kann. Es muss sich schrecklich anhören. Leider wurde ich in Sachen Gesang talentfrei geboren, doch das hält mich nicht davon ab, hier im Nirgendwo lauthals die Lieblingssongs meiner Jugend zu trällern. Wenn nicht hier – wo sonst? Außerdem hält uns das wach.

Als wir am Abend Mackay erreichen, sind wir erschöpft und einfach froh, endlich angekommen zu sein. Wir machen uns etwas zu essen und hauen uns im Anschluss vor die Glotze in Shannons Zimmer. *Solch ein Faulenzerabend ist jetzt genau das Richtige*, denke ich frohgemut und strecke die Beine auf dem Bett aus.

Der Aufenthalt in Shannons Heimatstädtchen ist nicht von langer Dauer. Wenige Tage später verlassen wir Mackay zum zweiten Mal: Dieses Mal führt uns unsere Reise in den Süden, genau genommen nach Brisbane. Es ist für mich ein ganz besonderer Moment, dorthin zurückzukehren, wo ich sieben Monate meines Lebens verbracht habe. Drei Tage werden wir dort miteinander verweilen, bevor ich von dort aus wieder meinen Weg nach Hause antreten werde.

Die Welt unter uns wird immer kleiner, bis wir in eine dunkle und dichte Wolkendecke eintauchen und das Flugzeug wie wild durch die Lüfte gewirbelt wird. Shannon, die neben mir sitzt, ist mit einem Mal ganz still und klammert sich verkrampft am Sitz fest. Die finsteren Gewitterwolken am Himmel waren mir schon am Boden aufgefallen. *Da müssen wir jetzt durch,* denke ich, und merke, wie das Flugzeug im nächsten Moment etliche Meter nach unten sackt. *Huch!*

„Hoffentlich geht das gut", meint Shannon im Flüsterton und schaut mich ängstlich mit ihren großen blauen Augen an. Ihre Stimme bebt.

Ich nehme Shannons Hand. „Tropische Gewitter gehören hier nun mal zur Tagesordnung. Die Piloten sind solche Gewitterfronten bestimmt gewöhnt."

„Meinst du?", stammelt Shannon, die an Flugangst leidet.

„Ja, es ist mit Sicherheit nicht das erste Mal, dass sie durch ein Unwetter fliegen müssen. Mach dir keine Sorgen. Das ist alles ganz normal. Ich habe schon ganz andere Flüge mit heftigen Turbulenzen erlebt."

Sie nickt stumm.

Zugegebenermaßen scheinen wir uns wirklich einen *sehr* schlechten Tag zum Fliegen ausgesucht zu haben, denn auch den restlichen Flug über sind wir starken Windböen ausgesetzt, sodass sogar der Service in der Kabine eingestellt wird.

Als wir eineinhalb Stunden später sicher in Brisbane landen, ist meine Freundin Shannon sichtlich heilfroh, endlich wieder festen Boden unter ihren Füßen zu haben; langsam kehrt auch ihre Gesichtsfarbe wieder zurück.

„Also eines ist sicher: ich werde *nie* wieder in meinem Leben ein Flugzeug betreten. *Nie wieder!* Manometer ... ich war krassen Todesängsten ausgesetzt!!!", knurrt sie mit einem lauten Schnaufen, als wir uns auf dem Weg zur Gepäckausgabe befinden.

Ich lege meinen Arm um Shannons Schultern. „Ach ... und wie kommst du wieder zurück?", frage ich mit einem Schmunzeln im Gesicht.

„Hm?", brummt sie. „Mit dem Bus???"

Ich lache kurz auf. „Du bevorzugst eine dreizehnstündige Busfahrt?"

Stumm schaut sie mich an.

„Hör mal zu ..."

Sie richtet ihren Blick auf mich. „Ja?"

„... so ein robustes Flugzeug stürzt nicht einfach wegen Turbulenzen ab. Das ist Schwachsinn, es kann höchstens mal ordentlich durchgeschüttelt werden, so wie bei unserem heutigen Flug, aber das war's auch. Mehr passiert nicht! Turbulenzen gehören zur Fliegerei schlichtweg dazu. Deine Angst ist also total unbegründet."

Shannon nickt. „Ich hoffe, du hast recht."

„Glaube mir: Ich habe recht!"

Ein leichtes Lächeln ist erkennbar. „Okay, ich werd's mir überlegen."

„Mach das!"

Nachdem wir unser Gepäck eingesammelt haben, suchen wir uns ein Taxi. Wie gut, dass man hier nie lange warten muss. Es ruckelt – das Auto setzt sich in Bewegung. Shannon und ich sitzen auf der Rückbank, unsere zwei Gepäckstücke wurden von Fahrer im Kofferraum verstaut. *Das hoffe ich zumindest!?*

Als die ersten mir bekannten Gebäude der Stadt auftauchen, ist mir nur mehr zum Grinsen zumute. *Ich bin zurück – in Brisbane*, denke ich fröhlich und klebe wortwörtlich mit meiner Nase an der Fensterscheibe des Wagens. „Wow, wow, wow!"

Unsere Unterkunft in den nächsten Tagen ist ein Zweibettzimmer in einem Hostel namens *Joeys Backpackers*, direkt in der Innenstadt. Aufgrund meiner schlechten Erfahrungen, die ich in solchen Unterkünften gesammelt habe, bin ich inzwischen auf *alles* eingestellt. Es würde mich nicht wundern, wenn es mal wieder eine Bruchbude ist, wobei Sydney diesbezüglich wohl kaum zu toppen ist.

Wir checken ein und eine junge dunkelhäutige Frau in einem neonpinken hautengen Kleid und Rastazöpfen händigt und uns den Schlüssel aus: „Ihr Zimmer liegt in der obersten Etage, hier vorne rechts sind die Aufzüge."

*Hat sie gerade Aufzug gesagt?* Ja, in der Tat!

Ich stupse Shannon an. „Ich glaube, das ist das erste Hostel, das einen Fahrstuhl besitzt", meine ich verblüfft, als wir in den kleinen Lift steigen.

Im Nu befinden wir uns im sechsten Stock des Gebäudes. Während wir nach der Zimmernummer 602 Ausschau halten, fallen mir direkt die grellgrünen Flurwände auf. *Hm... die scheinen es hier wohl bunt zu mögen, ... nicht nur die Rezeptionistin,* denke ich. Nun ja ... Farbe ist besser als ein trostloses Schwarz. Im nächsten Moment bleibt Shannon stehen. „Hier ist es – 602."

„Oh, ich bin echt gespannt, wie unser Zimmer aussieht", bemerke ich gespannt und warte ungeduldig darauf, dass Shannon endlich die Tür aufschließt. Die dunkelgrüne angemalte Holztür öffnet sich, wir treten ein. Für einen kurzen Augenblick kneife ich meine Augen zusammen. *Und, und?* Hm... der erste Eindruck ist überaus positiv. Mit einem großen Kingsize-Bett sowie zwei Nachtschränkchen, einem Tisch plus Stuhl ist es zwar nur recht spärlich eingerichtet, doch im Gegensatz zu meinem Räumchen in Sydney ist es um einiges größer und glücklicherweise ist von Staub und Spinnweben hier auch nichts zu sehen. Der Parkettboden glänzt, die zwei großen Fenster sind sauber geputzt, das Bett ordentlich gemacht und die

Aussicht auf den grün bepflanzten Hinterhof könnte auch schlimmer sein.

Ich schmeiße mich schwungvoll auf das riesige Doppelbett, das ich mir mit meiner Freundin teilen werde und strecke meine Arme aus. „Das fühlt sich gut an", murmle ich. Die Matratze ist angenehm weich, genauso wie ich es mag. *Wunderbar!*

Shannon gesellt sich zu mir, und die Matratze schwankt leicht, als sie sich neben mich plumpsen lässt. Da liegen wir beide nun – nebeneinander in diesem großen gemütlichen Bett – und genießen für einen kurzen Moment das Nichtstun. Nebenbei besprechen wir die Planung für den restlichen Tag. Ich schaue auf meine dunkelblaue Armbanduhr: „Es ist jetzt halb vier." Wir einigen uns darauf, am Nachmittag erstmal einen schönen entspannten Spaziergang durch die Innenstadt zu machen.

Eine halbe Stunde später – mit neuer Power! – brechen wir auf. „Kaum zu glauben, dass mein Aufenthalt inzwischen über drei Jahre her ist", bemerke ich, als wir durch die gut besuchte Fußgängerzone Queens Street Mall schlendern. „Es fühlt sich so an, als wäre es erst gestern gewesen."

Shannon nickt zustimmend. „Die letzten Jahre gingen in der Tat superschnell vorbei."

Viel hat sich an der Stadt nicht geändert. Mir fällt auf, dass es mein damaliges Lieblingspub nicht mehr gibt. *Schade!* Ansonsten scheint aber alles beim Alten geblieben zu sein. Ich bin entzückt – mehr als das, ich bin überglücklich hier – in meiner alten Heimat! – zu sein. Ja, ich habe Australien vermisst, das kann ich nicht abstreiten.

Unseren ersten Abend in Brisbane verbringen wir an der Southbank im Park beim Barbecue. Die Grillstationen, die man kostenlos benutzen kann, gibt es nach wie vor. *Super!*

Vor mir steht ein Sixpack des *TripleX-Biers* – es ist die beliebteste Biermarke in Australien – und auf dem Grill brutzeln ein paar knackige Würstchen aus dem Supermarkt. *Genauso wie früher!* Es ist ein gemütlicher Abend unter Palmen. Das Wetter könnte auch nicht besser sein – es ist angenehm warm und es weht ein laues Lüftchen. Nebenbei beginnt Shannon von ihrem letzten Urlaub auf Neuseeland zu erzählen. Aufmerksam höre ich ihr zu.

*Da würde ich auch mal gerne hin*, denke ich wehmütig und stelle mir die wunderschöne Hügellandschaft vor, von der meine Freundin gerade so lebhaft berichtet. *Ach, eigentlich will ich alles einmal sehen: Jedes Land und jeden Kontinent. Das wäre klasse!*, seufze ich. Reisen ist für mich persönlich das Größte – es ist Lebensfreude pur!

Auf dem Nachhauseweg bleibt Shannon auf einmal abrupt stehen. Der Schreck steht ihr ins Gesicht geschrieben. „Stopp, Miriam", nuschelt sie.

„Warum?", frage ich und schaue sie verwundert an.

„Da ... da ist etwas. Bleib ganz still stehen."

„Wo?", hake ich beunruhigt nach und spüre, wie sich mein Pulsschlag rasant beschleunigt.

„Eine Schlange", haucht Shannon leise.

*Oh, nein!!!*, saust es mir durch den Kopf. Nicht schon wieder das Spiel – ich liebe Australien, aber diese Tierwelt in Down Under ist mir nicht geheuer. Als ich die rotbraune Schlange ein paar Meter von uns entfernt im Gras vorbeiziehen sehe, rutscht mir das Herz wortwörtlich in die Hose. Ich hasse diese Viecher nach wie vor, genauer gesagt fürchte ich sie, und merke, wie mich ein eiskalter Schauer überkommt.

„Nicht bewegen, Miriam!"

„Ja, ich weiß", erwidere ich im Flüsterton, dabei würde ich am liebsten wegrennen. Hoffentlich bemerkt sie uns nicht. *Bitte, bitte, liebe Schlange, komm uns bloß nicht näher*, bete ich und beobachte, wie sie kurz darauf unter ein paar Sträuchern verschwindet. Wir warten noch ein paar Minuten – *Sicher ist sicher!* – dann gehen wir weiter.

Eine Viertelstunde später erreichen wir ohne irgendwelche weiteren Vorkommnisse unsere Unterkunft, im Zimmer spielen wir noch eine Runde Karten auf dem Bett.

\*

Nach einer erholsamen Nacht fahren wir am darauffolgenden Tag mit dem Bus zur Gold Coast an die Küste und verbringen dort einen herrlich entspannten Tag am Strand; abends besuchen wir ein Lokal, in dem es die besten Meat Pies von Brisbane gibt und danach gehen wir noch ausgiebig feiern, sodass wir erst morgens um fünf wieder zurückkehren. Wir sind stets unterwegs und kosten das junge Leben voll aus. Das ist Urlaub! Das ist Leben!

Doch langsam neigt sich mein Aufenthalt dem Ende zu. Wie gern wäre ich noch länger geblieben. Aber wie sagt man so schön: Wenn es am schönsten ist, soll man gehen. Wenn es diese traurigen Abschiede bloß nicht gäbe. Man hofft stets darauf, dass es ein baldiges Wiedersehen geben wird, doch die Ungewissheit bleibt. Es folgt eine tränenreiche Verabschiedung am Flughafen.

*... doch ich kann euch sagen, es war nicht das letzte Mal, dass Shannon und ich uns gesehen haben. Ein Jahr später kommt sie mich ein zweites Mal in Deutschland besuchen. Auch mit meinem Kumpel Marcelo in New York bin ich noch immer im Kontakt.*

Eineinhalb Jahre später erfülle ich mir einen *weiteren* Lebenstraum und starte als Flugbegleiterin bei einer großen internationalen Airline durch. Nach einer dreimonatigen Ausbildung folgt auch schon mein erster Flug, der mich erstmals in meinem Leben nach Südamerika führt: Buenos Aires. Da wird mir bewusst, dass nach meinen spannenden Auslandsaufenthalten in den USA und Australien jetzt ein drittes großes *Abenteuer* beginnt: *Mein Leben als Flugbegleiterin.* Von da an reise ich um die ganze weite Welt: New York, Hong Kong, Sao Paulo, Vancouver, Bangkok, Bogota, Los Angeles, Tokio, Miami ...

# SPRACHTIPPS: AUSTRALISCHER SLANG

| | |
|---|---|
| Barbecue | Barbie |
| Gemüse | Veggies |
| Kekse | Bikkies |
| Frühstück | Brekkie |
| Bierkrug | Pint |
| Hallo | G´Day |
| Brisbane | Brizzie |
| Australien | Oz |
| Australier | Aussie |
| Kumpel | Mate |
| das „Outback" | Bush |
| Känguru | Roo |
| Känguru Baby | Joey |
| Flipflops | Thongs |
| Unterwäsche | Undies |
| Sonnenbrille | Sunnies |
| Badesachen | Togs |
| Wie bitte? Hä? | Ay? |
| Wie geht es dir? | How ya going? |
| Das ist kein Problem. | No worries! |

## BILDER AUS MEINER ZEIT IN AUSTRALIEN:

*Brisbane*

*Brisbane: Kylie Minoque Ausstellung*

*Mackay: Sonnenaufgang am Cape-Hillsborough-Nationalpark*

*Brisbane: Southbank*

*Am Strand*

*Sydney: Harbour Bridge*

*In Mackay*

*Ein australischer Wombat*

*Kokosnüsse: Frühstück am
1. Weihnachtsfeiertag*

*Psst ...!*

Sydney:
Opera

Ein schlafender Koala

*Ich lerne den Umgang mit einem Bumerang*

*Spinnen gibt es überall in Australien!*

*Townsville: Promenade, The Strand'*

*Townsville: Blick vom Castle Hill Aussichtsberg*

*Airlie Beach: Auf dem Weg zum Whiteheaven Beach*

*Glasklares Wasser*

*Mit dem Boot zum Traumstrand: Whiteheaven Beach*

*Ein Kanguru-Schild aus dem Souvenir-Shop*

*Freilebende kunterbunte Vögel*